ひと日記

中西和久

海鳥社

中西和久　ひと日記◉目次

Ⅰ　励まし励まされ

胸を張ってふるさとを名乗りたい……原田一郎さん　12
厳しい差別に打ちのめされる／隠さねばならない状況
励まし励まされ／父と兄の生き方
共に生きる時代を創る
エイズへの関心を高めるために……西村有史さん　23
社会の偏見と闘う／診療拒否の実態
急速に進む治療とその問題点／正しい認識が必要
エイズ治療の現在
虐待は母と子どものＳＯＳ……橋本信男さん　34
虐待問題に取り組むきっかけ／表面化しにくい幼児虐待
虐待を特別視しない／子どもの権利を重んじる
国がすべての子どもの親に

手話は言語通訳の専門家……若杉義光さん 45
ボランティアまかせの現状／禁止された手話教育
低い社会的認知度／手話通訳者の職業病
まずは講習会から
福岡の街で外国人の心と向き合う……矢永由里子さん 56
異文化に悩む外国人／ほっとできる場所を
外国人の目に映る日本／違いがあるのは当たり前
本当の交流とは
差別意識と押しつけ……永六輔さん 66
差別用語と差別意識／本質を見失わない
異文化を理解する
新しい人権の登場……津田聰夫さん 78
人権意識は高まったか／基本的人権とはなにか

権利は自ら擁護する／差別を罰することができるか
新しい人権感覚を

Ⅱ　出会いのなかで

時代を変えていく力……立花寛茂さん　90
組坂繁之さんとの出会い／部落解放基本法の制定を
急増するインターネットを使った差別／気軽に話せる相手役に
日本の代表文化を支える

地べたにあった芸能……井手川泰子さん　100
女坑夫と向き合って／ある女性との出会いから
自由で力強い筑豊文化／生き方を書き残す
生きる力をもらう

日本と朝鮮半島をつなぐために……裵来善さん　109
強制連行で生き別れ／炭坑での仕事

同胞のために供養塔を／歴史を正確に伝える
福岡の劇団であることからの出発……篠崎省吾さん 119
地元の話を演じたい／互いの違いを認める
文化から入る交流／世代を超え、地域を超えて
実現したい韓国公演
盲目のチェンバロ奏者……岩田耕作さん 129
音楽との出会い／フランスにおける障害者への対応
お寺の本堂でコンサート／お客さまと一緒の演奏会を
マラソンへの挑戦……漢小百合さん 139
きっかけは「一回だけ」／社会のなかの障害
差別という意識が障害を生む
迷信・偏見からの解放を願って……狩野俊猷さん 150
偏見に疑問を持つ／物事を多面的に見る

差別戒名の糾明／これが私の人権
自分を狭める枠

Ⅲ　生きていく力

モットーは〝I can〟……芳賀喜子さん　162
一歳三カ月で発病／「なんでもできる」との出会い
自分の体を楽器に／仲間としての障害者

神さまの愛を手話で歌う……本田路津子さん　172
魂の叫びを歌う讃美歌／アメリカで手話と出会う
歌を通して出会う感動／できあがりより過程を見てほしい
歌からなにかを感じる

自己表現はドラマづくりで……大谷順子さん　181
子どもを中心に／演じさせられる日常
生きる力を生み出す／失われてゆく遊び

子どもたちに表現の場を

子どもを育て、育てられる……太田めぐみさん 191

スタートは重度障害児の母六人で／生きる姿を見せつけられる
六人が六〇〇人に／みんなで力を合わせて
「生きていてよかった」と思える暮らしづくりを

「ありのままに接する」が理想の関係……畑間英一さん 202

障害者と健常者の共存／障害者にしかできない仕事
健常者も自然体で

あとがき 215

I　励まし励まされ

胸を張ってふるさとを名乗りたい

原田一郎さん

一九四一年、福岡県浮羽町生まれ。県立浮羽高校を卒業後、隣町のゴム会社に工員として就職。のち、福岡学芸大学を卒業し、杷木中学校原鶴分教場に初赴任。東峰中学校教諭、福岡県部落出身教職員連絡会会長、部落解放同盟筑後地区協議会・教育対策部長を歴任。人権・部落解放をくらしのなかのことがらに結び付けながら、楽しく学ぶことのすばらしさを提唱、社会教育分野でも活躍中。部落差別の現実に深く学びながら、人としての誇り、喜びや感動、人を愛することのすばらしさを共に伝えたい、と張り切っている。

……原田一郎さんは、福岡県朝倉郡東峰中学校の数学の先生です。部落出身教職員連絡会を組織して、人権問題に取り組んでいらっしゃいます。

厳しい差別に打ちのめされる

中西　原田先生は福岡県で部落出身教職員連絡会という会をつくっていらっしゃいますが、これはいつごろできたんですか？

原田　正式に発足したのは十四年前ですが、実際につながりをつくろうと動き始めたのは、もう二十三、四年前になります。

中西　きっかけは？

原田　差別の厳しさにみんなが打ちのめされて、特に学校現場で働いている部落出身の若い先生たちが、差別に負けて学校を休んだり、退職したりという状況がありました。一番印象に残っているのは、自殺したという事件です。自殺の直接のきっかけは、自分の教室の黒板に落書きをされたことです。

原田一郎さん

中西　どういう落書きですか。

原田　「誰々先生は同和だ」という落書きを、教室とかトイレ、廊下にされた。その先生は自分が部落出身と知らないまま、高校、大学へ行って、学校の先生になった。そしてあるとき突然にまわりから自分の耳に入ってきたのです。それで追い詰められて、学校を休み始め、最終的には池で入水自殺。そういう事件があって、みんながショックを受けたのです。

中西　差別で一番怖いのは、自分で自分を差別してしまうことですね。

原田　もったいないですね。この事件がきっかけとなり部落出身教職員連絡会をつくろうという動きが出てきたのです。

中西　先生は、いつごろ教師になられたのですか。

原田　もう三十五年前です。そのころ読んだもので印象に残っている詩があります。「／〝ふるさと〟をかくすことを／父は／けもののような鋭さで覚えた」という。

中西　詩人の丸岡忠雄さん（一九二九～一九八五）ですね。

原田　ええ、そうです。あれが印象的で。だけどそれだけではなくて、あのなかに「ふるさとをあばかれ／縊死した友がいた」。それでもなお、「吾子よ／お前には／胸を張ってふるさとを名のらせたい」と。私でいったら、親父と自分と子どもの三代にわたる部落解放に対する願いというのが、あの短い文章のなかにあります。

🎙……僕がこの「ふるさと」という詩の作者・丸岡忠雄さんに会ったのはちょうど二十年前。瀬戸内の砂浜のきれいな村でした。原田さんのふるさと浮羽は、夏の緑がきらきら輝いて、風がとてもさわやかでした。

ふるさと

丸岡忠雄

〝ふるさとをかくす〟ことを
父は
けもののような鋭さで覚えた

ふるさとをあばかれ
縊《い》死《し》した友がいた
ふるさとを告白し
許嫁者に去られた友がいた

吾子よ
お前には
胸張ってふるさとを名のらせたい
瞳をあげ　何のためらいもなく

〝これがわたしのふるさとです〟と名のらせたい
（『詩集ふるさと』社団法人兵庫部落問題研究所）

隠さねばならない状況

中西　職員室では、やっぱり隠していらっしゃったのですか？

原田　そうですね。名乗れない状況が、子どもたちのなかに、学校のなかに、地域のなかにありました。

中西　『破戒』（島崎藤村　一八七二〜一九四三）の丑松と同じような状況ですか。

原田　同じですね。たとえば赴任して、四月になると家庭訪問がありますね。すると教頭先生が「ちょっと、原田君」と言うんです。「知っとろ」と。私はこの先生がなにを言いたいのか見当はつくのですが、わざと知らん振りして「なんですか」と尋ねます。すると、「あそこに行くときは用心せにゃいかん。お茶やらお茶菓子が出たら、飲んだり食べたりせにゃいかん。いらんこつ言うな」（笑）。そんな雰囲気で話をしてゆく。

　ということは、私が部落出身だということを、その先生は知らないわけです。私もそのころは、同和教育とか解放運動に全然触れていなかったから、「なにを言ってるんですか。おかしくないですか」と指摘できない。

十人くらいの小さな職員室のなかでもそんな雰囲気だったし、子どもたちは子どもたちで、まともに告げ口をする。

そのころは宿直というのがありました。黒板に「土曜、原田」と書いてあると、受け持ちの子どもたちが、「先生、今日は宿直なら学校に勉強にきていい？」と言うから、「ちゃんと勉強道具、持ってこい」と言うと、夕方になってやってくる。

原鶴温泉のジャングル風呂に入って遊び、帰って勉強し始めたら、私の隣に座っとった男の子が、「先生、知っとるな？」と四本指を出して、「誰と誰はこればい」と告げ口する。

三十数年前のことですが、その情景や子どもたちの顔とか、まわりの煤けた障子とか火鉢が、昨日のことのように浮かんでくるのです。

ぞっとするというよりも、自分が部落出身ということを隠さないかん、こりゃあ、ばれたら大変なことになるという、複雑な思いがありました。

……僕のひとり芝居「しのだづま考」のヒロイン・葛の葉は、狐の正体がばれて、最愛の夫と子どもを残し、しのだの森に帰って行きます。隠すことの辛さや悲しさが、この物語を生みました。真の「丑松」批判は隠すことの苦しみを身に染みて感じた人にのみできるのでしょう。そしてこの悲しみを乗り越えようとするときに、真の優しさや強さが生まれてくるのだと思います。

励まし励まされ

中西　部落出身教師であるということを、みんなに明かされるきっかけになったのは。

原田　ずっと隠し続けた。十年近く隠し続けた。教員になって十年近く経って、ようやく同和教育とはなにか、部落差別とはなにかを勉強し始めました。

また、「狭山」同盟休校する部落の子どもたちが、毎晩毎晩、「狭山」のことについて勉強している。そして子どもから「一緒に考えてほしい」という提起があります。

中西　「狭山」とは、一九六三年に埼玉県狭山市で起きた女子高生誘拐殺人事件、いわゆる狭山事件のことですね。被差別部落に対する予断と偏見で一人の部落青年が逮捕されたという。今なお係争中です。

原田　はい。私が担任している子どもに、部落の子がいたのです。そのなかの一人が「部落問題をずっと勉強しているので、学級の友達に訴えたい」と言う。もう一人の子は、親が「そういう運動にかかわらんでいい」と反対した。子どもの間で、そういう提起がありました。

そうなると自分の問題になってきます。じゃあ部落出身教師として、どの立場に立つのかと、崖っぷちに立たされたようなところが正直言ってありました。

子どもたちは最初は勉強して、「学校へ行って、一番先に朝の会のときに、信頼できるクラスのみんなの前で堂々と訴えよう」と勇ましく決意し、団結するんです。ところがその日が近まると、ひるんでしまって、「やっぱ、自分はそういう訴えをできん」となる。ひょっとして自分が部落と分かったら、今まで仲のよかった友達が、友達でなくなるんじゃなかろうかという、そんな恐れを子どもたちが抱くのです。

そのとき私は、「そんなこっちゃいかんめえが」、「俺もこうして隠し続けてきて……」と訴えました。途端に、「先生も出身じゃった。仲間じゃった。じゃあ、やっぱ苦しいけれども言おう」と言う子どもが、一人、二人と出てきて、当日の朝を迎えました。

……『破戒』の主人公の丑松も部落出身の教師として、原田さんと同じような葛藤をします。『破戒』は明治三十九年、今から百年ほど前に書かれたのですが、時代は少しは変わったのでしょうか。進んでいるのでしょうか。

父と兄の生き方

原田　私には兄弟が八人います。お袋が亡くなって、上の兄貴は経済的に苦しかったこともあり高校に行けない。土方をしていました。汗水流して、汚れるつらい仕事です。給料も安くて、高校も行けない。まわりから見れば、そういうマイナスイメージでしょうが、弟の私から見た兄貴は光っていましたね。

あのころ、給料は月給六千円だったそうですね、残業して。そのなかの二千円を弟のために送る……。

親父もそうです。親父は自分の名前すら、住所すら書けなかった。

こんなことがありました。兄貴が群馬県の山奥のダム工事で働いていたときのことです。隣にある派出所のお巡りさんが、ある夕方新聞を持ってきました。「原田さん、原田さん。大変なこつがおこっとる」と言うて。新聞を見たら、ダイナマイト爆発と書いてある。そこに兄貴の名前があった。すると親父が、「一郎、手紙書け」と言うのです。私は「なに言うんな。わが子が生きるか死ぬか分からんような事故におうとって、人に手紙を書かせんで、わが書け。親父が書けばよかろうもん」と言いました。

高校生で、親父が手紙を書けないことすら全然眼中になかったのです。そして親父をなじった。ところが親父は一言も言わんで、黙って納戸のほうに下がって行きました。四十年前のことですけど、その後ろ姿を今でも思い出しますね。

そのときの親父の、はがき一枚、手紙一枚書けない無念さ、悔しさが分からなかったのです。同和教育、解放運動に触れて、今になって分かるのですが、どれだけ兄の所へ飛んで行きたたかったじゃろと思います。

当時の兄貴だけじゃない、兄貴を育てた親父も光って見えますね。

……原田先生の家の縁側から眺める浮羽の山々は、とてものどかです。原田さんもお兄さんもお父さんも、ここに座って変わらぬ風景を眺めていたのでしょう。風鈴の音が涼やかでした。

共に生きる時代を創る

中西　部落出身教師の会員が何百人と集まっていますね。今後の展望はどうですか？

原田　そうですね。大々的に集まって、ばあっとアピールするようなことは考えていないのですが、部落問題とはなにかを教育する自分たちが力量をつけんと。

中西　教師ですから、授業が一番大切ですね。

原田　子どもが意欲を持って勉強できるような力をつけないと。そこに誇りを持たないといかんですね

中西　原田先生のあとに続いてくるような人たちが、どんどん育っているんですね。

原田　はい。嬉しいことです。名乗って立場を明らかにして、どんどん引っ張ってゆく教師に期待しとる一方で、名乗らないけれども、これを支えて、それぞれの地域、家庭、学校で頑張っている教師ともつながってゆく。そういう人間を育てる、創ってゆくところに誇りというか、

喜びがあります。
私はあと二年で定年になりますが、教員になって本当によかったと思います。
息子が三人いるのですが、長男が教育大に行くと言ったのが嬉しかったですね。二男も体育の教員をめざして挑戦すると言っています。三男は町の福祉関係。お年寄りへの福祉を頑張っています。嬉しいですね。
物を創ることも素晴らしいけど、人間を創ってゆく、育てる、世の中のリーダー養成もすばらしい。

中西　人を創るというのは一番ですね。共に生きている時代を創り、次の時代を創っていくことになるのですからね。人を創るということは、文化を創っていくことですから。

……明治時代そのままの差別が残っている一方で、時代は確かに進んでいます。時代を進めているのは、やっぱり人間なのですね。

（放送日　一九九九年七月二十六日～三十日）

エイズへの関心を高めるために

西村有史さん

一九五〇年生まれ。一九八〇年代初めからＨＩＶ感染症の在宅医療に取り組む。一九八三年、ＨＩＶ感染者、エイズ患者に開かれた診療所をめざして開業し、現在に至る。「ＨＩＶとつきあう開業医の会」代表（連絡先＝豊前市大字八屋二二六一―一　電話〇九七九―八二―二二六一）。

……ここに一冊の本があります。本のタイトルは『エイズ患者診ます　開業医が歩んだ長い道』、著者は西村有史さん。豊前市の内科・循環器科の開業医です。西村さんは「ＨＩＶとつきあう開業医の会」を設立し、エイズ治療に積極的に取り組んでいらっしゃいます。西村さんがこの本を出版した背景には、どのような思いがあるのでしょう。

社会の偏見と闘う

中西　まず、『エイズ患者診ます』という本を出版なさったきっかけを聞かせてください。

西村　ちょうど一年前に、私にとって大事な友人であった草伏村生《むらお》さんという人がエイズで亡くなりました。彼の死のあと、どうもエイズの問題がマスコミの表面から完全に消えてしまい、世間一般の人々のエイズに対する関心も、急速に薄れていっているように思うんです。けれど問題はほとんどなにも解決していないと思います。そういう気持ちを少しでも皆さんに理解してもらえたらというのが、本を出したきっかけです。

中西　エイズ患者というのは、今、日本にどのくらいいらっしゃるんですか。

西村　厚生省の統計では四千名ぐらいといわれていますが、おそらくほとんどの人が自分が感染していることを知らないままにいるだろうから、その数は一万人は超えているのではないでしょうか。一万人に一人ぐらいの数かなと思っていますけどね。

中西　四千というのは厚生省が発表した数ですね。

西村　そうです。日本の場合に特徴的なのは、半分の方がエイズを発病してから初めて分かるということです。一般の検査で分かる人は、半数しかありません。多くの人が、自分はひょっとして感染しているかもしれないと思いながらも、差別を恐れて、なかなか検査にも行かない。あるいはそういうことはないと思って、一所懸命否定しているようなところがあるだろうと思うんですね。

いろんな考え方があるでしょうが、発病している人が一人いるとすれば、本来はその五倍ないし十倍ぐらいの数の発病前感染者が見つかるはずなんです。ところがそれが見つからないということは、かなり大きな問題だと思っています。

中西　一般的にエイズはとても怖い病気と思われているんですが、先生はどういうふうにお考えですか。

西村　私はエイズが怖いと思ったことはありません。確かに非常に厳しい病気だし、急速に広がっているし、人命にとって大きな脅威であることは間違いないのですが、感染者、患者さんを差別して、社会から排除しようという動きのために、この病気をうまく取り扱うことができなかった。そこに、私たちがエイズに負けている最大の原因があると思うんです。

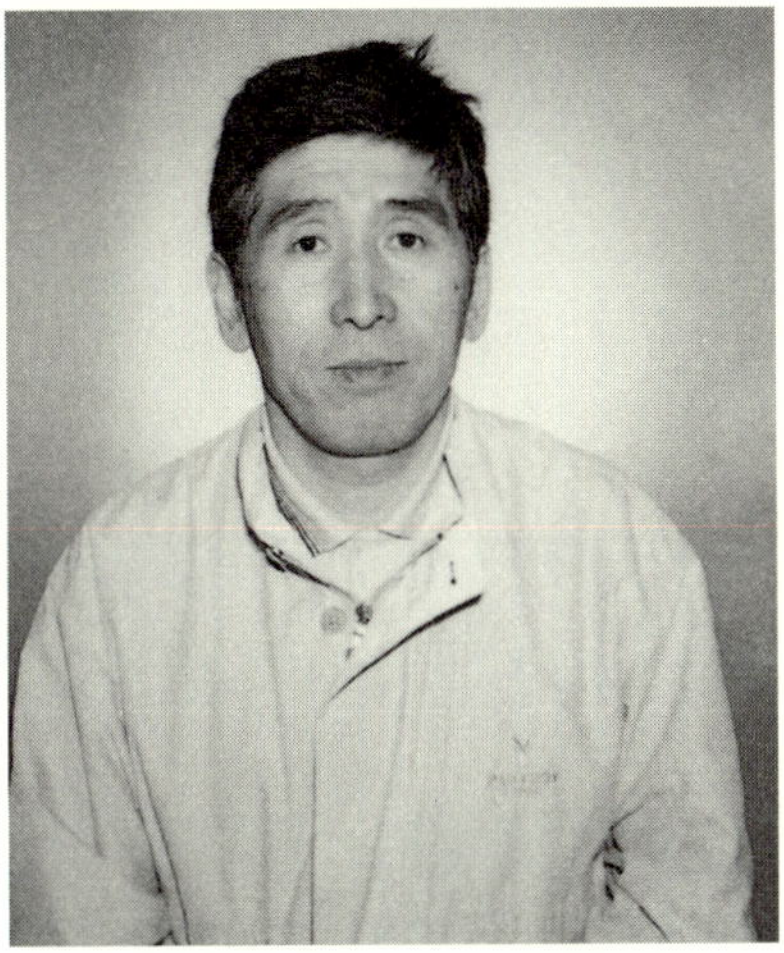
エイズ患者支援に取り組む西村さん

中西　病気以前の問題ですか。

西村　そうです。治療法もあるし予防する方法もある。しかし私たちが、社会が、エイズという問題を認知できない状態が非常に長い間続いた。エイズはいわゆる一部の犯罪者の病気、売春婦の病気、男性同性愛者の病気であって、自分たちには関係ないということで、ずっと対策を遅らせてきた社会の責任は大きい。だからこそ、これだけ広がったと思うんですね。

エイズが怖いのではなくて、エイズという病気に負けている私たちの社会のほうに、かなり大きな問題があると思っています。

中西　今話を聞いていると、エイズに限らず、「見ない、触れない、かかわらない」というのが、差別という社会的な問題に共通しているように感じますね。

西村　アメリカでは十五年ぐらい前、エイズ問題が最初に起こりました。それからエイズはうつると認識されたときに、エイズ・パニックがアメリカ中で起き、救急車の救急隊員がエイズ患者を病院に搬送することを拒否する、というような例が広がりました。

ところが、たとえば自分の同級生だとか親戚に一人や二人エイズで亡くなった人、あるいは今、実際、エイズで苦しんでいる人がいる。つまりそんなことを言っている状況ではなくなってしまっている。

中西　アメリカと日本ではエイズに対する考え方に違いがあるようですね。

西村　日本との一番の違いは、医療世界の人権意識の違い。これは大きな問題だと思います。

……西村さんの本のなかに、ワシントンにあるエイズ専門診療所を訪問した際の体験記が綴られています。そこで学んだことを、西村さんはこんな言葉でまとめていらっしゃいます。

「医療は差別の主要な機構としても働くが、その気になれば逆に差別と闘う支援の機関ともなれる」。

診療拒否の実態

中西　社会のなかにエイズに対する偏見とか差別がありますね。

西村　はい。

中西　具体的には？

西村　いろんなタイプのものがあると思います。私が最初に本当にショックを受けたのは、ある発病していない感染者が、ずっと通院している病院で診療を拒否されたという例です。風邪をひいても診察してくれない。それで患者さんが非常に不安に思って「診察をしてくれ」と言ったら、シャツの上から聴診器を当てたという話を聞きました。形の上だけ診察をしたということですね。聴診器をシャツの上から当てても、まともな音が聞こえるはずはない。こんなひどいことをやったという話を聞きました。

中西　お医者さんが科学の上に立っていない。

西村　そうです。怖いという単なる感情に流されて、できるだけ触るまいとしたということなんだろうと思うんですが。

また、歯の問題もかなり大きいですね。

中西　それはどういうことですか。

西村　これだけたくさんの歯科や診療所があるにもかかわらず、まともな治療を受けている感染者はほとんどいないんですね。みんな口のなかがボロボロになってしまっている。

患者がエイズだって知っているので、歯科の治療を受けようと思ったら、いろんな理由をつける。確かに診療は拒否していないのですが、具体的に治療をしないと、診療を拒否したことになります。

もう亡くなりましたが、友人のある感染者のお母さんがおっしゃっていました。自分の息子は十何年間も歯が悪くて、歯科にも定期的に行ったけれども、先生はうがいと歯磨きをしっかりしろとしか言わない。虫歯がうがいでよくなるんだったら歯医者はいらないと言われました。その言葉を昨日のことのように覚えています。

……診療拒否をする医者も、それを告発する西村さんも同じ医者。しかし、人間の命に対する考え方に大きな隔たりがあるように思います。

急速に進む治療とその問題点

中西　アメリカのエイズ治療は、わりと進んでいると聞きましたけれども、いかがでしょうか。

西村　じつは私たちもかなり悲観的で、本当の意味での治療というのが出てくるのは、もっと先だろうと思っていたんです。ところが二年ぐらい前から、新しい治療薬だとか、エイズという病気に対する考え方に大幅に変更が出てきて、ひょっとするとエイズが治る、治らないまでも死なない病気になる可能性があると思い始めました。

エイズの原因となるＨＩＶというウイルスは二日もすると死んでしまい、次々に新しいコピーがつくられるんです。大体一日に百億個ぐらいつくられている。それを主に三つの種類の薬を組み合わせることによって、新しいコピーがつくられないぐらいまで、ギリギリまで抑え込む治療がかなり成功しています。進行を抑えるわけで、場合によると体力が低下していても、また回復してくる可能性があります。ただ、最大の問題は治療費です。

中西　保険は効かないんですか。

西村　いや、保険は効きますが、国民健康保険で月々五万、六万というような治療費がかかってしまいます。感染した人の多くは体力が落ちてきていますから、仕事ができなくなっているんです。そうした人たちにとって、月に五万円、六万円の治療費を払わなければいけないのは大変なことです。

もうひとつの問題は、この薬の副作用がかなりきついということです。そのためになかなかこちらの計画通りに薬が飲めない。

だから、そのふたつの問題があって、数年前の「タイム」誌に、「希望は持てた。しかし、これはあくまで金がある人間と体力のある人間だけだ」と載っていました。薬に耐えられて、経済的にも肉体的にも耐えられる人間だけに希望が見えたと。

……エイズが「不治の病」から「治る病気」に変わるかもしれない。エイズ治療の研究は、これからもっと進んでゆくでしょう。しかし、西村さんが語った「希望」という言葉が、エイズ患者すべての希望となるには、さらに多くの課題があるようです。

正しい認識が必要

中西　エイズに対する予防はどのように取り組まれているのでしょうか。

西村　年に五、六校の高校を回って話をしています。文部省は一応一時間ずつ時間を取るように指導しています。ただ、それまで全く知らなかった医者が突然やってきて、一時間お説教して帰る。これが果たしてどれだけみんなに残るのかな。また、中学生、高校生向けのエイズのビデオなどの教材に、コンドームという言葉がひとつも出ていない。

中西　えっ？　そうですか。

西村　あるいはセックスという言葉自体が出ていない。

中西　なんと教えるんですか。

西村　性的接触で感染する、というのです。分かりますか、性的接触って。私は分からないですね。

中西　手をつなぐとか（笑）。

西村　キスをしたことがあるかとか、ペッティングはどうなんだとか、コンドームなしのセックスはどうなのかという、より具体的な話をしない限り、これは教えたことになっていない。

中西　でも、それはわりと簡単なことではないですか。具体的に一つひとつ認識させていけばいいんでしょう。

西村　それをやることが一番必要なことですよね。建前で、セックスさえしなければエイズはうつらないんだから、あなたたちはみんな純潔を守りなさい、おしまい（笑）。正しい内容が社会のなかにどれだけ届いているかということを、私たちは真剣に考えなければいけませんね。

一所懸命やっているのだが、感染者はどんどん増えていますというのであれば、うまくいっていないということです。

（放送日　一九九七年十二月一日～五日）

エイズ治療の現在

中西さんからインタビューを受けたのが、二年前の夏だったと記憶している。あらためて文章に起こされたものを読んで、この間にずいぶん大きな変化が起こっていることに気づく。

一番大きな進歩は、エイズ・ＨＩＶ感染症そのものに起こった。インタビューのなかでもふれている新しい治療は、私たちの体のなかに入り込んだＨＩＶ＝エイズウイルスをたたき出すことはできないまでも、病気の進展をとめ、エイズを発症した人を死の床から救出することができるようになった。ＨＩＶ感染症の患者に未来や希望を語らせる勇気を与えた。診療にたずさわる私たちにとっても、この二年の時間はエイズ診療への希望が確信になってきたときだと言っていい。

もうひとつ明るいニュースは、治療費のことだ。一九九九年から、ある程度病気の進行した患者さんは身体障害者の認定を受けられるようになり、治療費の自己負担分が免除されることになった。

その一方、薬害エイズの和解以降、「エイズは終わった」という風潮が支配的になり、多くの人が関心を持たなくなってきた。多くの学校でエイズ教育のための時間がカットされる事態を招いているのも残念なことだ。そんななかで毎年報告される新規の患者感染者の数はどんどん増えてきている。どんなにいい治療ができても、予防以上に有効で簡便な治療などというものはない。エイズを語る私の仕事が終わることは、おそらくないだろうと思う。

インタビューのなかで遅れを指摘した歯科治療にも多くの試みが生まれた。熱心な歯科医の手で患者の在宅治療や訪問指導などが行われるようになった。拠点病院（厚生省が指定するエイズ患者・感染者を引き受ける総合病院）でも、次第に歯科診療を含めた手術の例が増加してきているように、この分野に熱意を持つ外科系の医師の姿は確実に増えてきていると思う。

もちろん「エイズ患者感染者にかかりつけ医を」という私の目標はまだまだ達成されてはいない。その必要性は、エイズという病気が慢性の、それも外来で治療指導できる病気になってきている以上、ますます増えてゆくと確信している。

（一九九九年　西村有史）

虐待は母と子どものSOS

橋本信男さん

一九八三年、久留米大学付属病院小児科学教室へ入局し小児臨床部門の研修を開始。一九八六年、久留米市の聖マリア病院の小児ICU医長として勤務。一九九二年から厚生省の被虐待防止研究班となり、地域の児童虐待防止に関しての調査を開始。一九九四年から聖マリア病院内に小児救急部を設け、病院内に児童虐待防止研究会を発足。一九九六年から筑後地域に児童虐待研究会「親と子のこころの対話研究会」を発足し、地域の児童虐待に関する学習指導と啓発活動を行う。翌年、福岡市にも同研究会を発足。

……福岡市の小児科医橋本信男さんは、十数年前、自ら担当した子どもが、母親から受けた暴力により死亡したことをきっかけに、幼児虐待問題の解決に取り組み始めました。現在、医療機関のみならず、行政や教育機関をも巻き込み精力的な活動を続けていらっしゃいます。

虐待問題に取り組むきっかけ

中西　今、大橋（福岡市南区）の大山小児科医院で小児科の先生をなさっていらっしゃるのですが、虐待問題に取り組むようになったきっかけはどんなことですか。

橋本　子どもへの虐待行為を初めて教えてもらったのは十数年前です。発端は、赤ちゃんがミルクを飲まない……。

中西　具体的にどういうことですか?

橋本　ある家族に二人目の赤ちゃんが生まれて一カ月半ぐらいして、ミルク飲みが悪い、体重が増えない、元気がないということで病院へ連れてきました。病院に受診にきた理由は、お母さんからの言い分ですね。そこで、その赤ちゃんの頭や心臓になにか病気があるのじゃないかと思いました。でも病気であるかを見分けるために調べたら、検査に異常はない。もしかしたらこの子は健康なのに、ミルクの飲ませ方がお母さんは下手なのではないかと思いました。それを教えてやれば、この子もミルク飲みが上手になるだろうと思い、そのような軽い気持ちでお母さんに教えたら、実際そうなりました。

入院してから赤ちゃんにも表情が見られ、元気になったので、「大丈夫やろ」と帰したら、退院して何カ月かのちに、今度は腕を動かさないと言って連れてきました。よく見ると、赤ちゃんの上の腕が腫れていたのですね。念のために、骨折ではないことを確かめてもらうのに整形外科で検査したら、典型的なバタードチャイルドシンドロームであるということを初めて教えられました。

バタードチャイルドシンドロームというのは被虐待児症候群です。整形外科の先生から、

「あんた、小児科の勉強をしとるんか。これだけ典型的な虐待児というものはないよ」と。骨折していて、しかも新しい骨折と古い骨折とが混合している。首が座るか座らないくらいの子どもの運動の発達機能では、まず子ども自身の力では骨折はしない。赤ちゃんの成長を見抜けないなら、小児科医としての役目をしていないのじゃないかと。

それでその子どもの表情と姿をもう一回診なおしたのです。そしたら、誰かが噛みついた傷跡が、顔や胸、お尻の柔らかい部分にあるのです。最後は、この子どもは頭蓋内出血を起こす虐待を受けました。

中西　頭のなかの出血ですか。

橋本　その子は生命を絶たれるような状態でした。

中西　その子は、もう亡くなったのですか。

橋本　うん。

その子から虐待を教えられて、次の一年間、そういう気持ちで病院にくる子どもを診てゆくと、小児科病棟に入院してきた子どもの十人ぐらいが身体的虐待だったのですね。そのうちの半分は死んでしまいました。

中西　えっ、そんなにですか。

橋本　今まで気づかなかったけれど、虐待を受けている子は、自分の身近に非常に多いということが分かってきました。

🎙……虐待を受けた子どものうち、じつに半数が亡くなったといいます。さらに橋本さんが勤務する病院はごく普通の小児科医院です。このふたつの現実が問題の重大さを物語っていました。幼児虐待は身近な問題なのです。

表面化しにくい幼児虐待

中西　橋本先生が虐待児問題に取り組まれたのが十数年前、今ほどそのことは表面化してなかったのですね。

橋本　虐待という言葉が、その当時では世間一般には出ていなかったのです。

中西　まさか母親が赤ちゃんを虐待しているとは考えにくいですからね。それ以前もずいぶんあったということですか。

橋本　そうですね。みんなが少しは分かっていても、なかなか表面化されていない。

中西　なぜ今の時代になって、社会的な問題になってきたのでしょうか。

橋本　自分と似たような子どもの虐待で困っている人たちが、いろいろな地域でずっと耐え忍んでいたのじゃないですかね。

中西　虐待をしている親もそうだし、その近くの人も声を上げ始めた？

橋本　そうですね。ここ二、三年の間に急上昇しているんです。ただ長い間、虐待を受けているのだと思っていても、人の子どもを守ることは難しかったために、仕方ないのだと諦めていたのがほとんどでしょう。

　自分もそういう見方をするチャンスがなかったら、おそらく現在ここでこのような活動をしていないと思いますね。

中西　まだ表に出ていないことがたくさんある？

橋本　当然、あり得るでしょうね。

中西　個人が全部自分で抱え込んでいたのが、「あんたもそう？」、「あんたもそう？」というように表に出てきた。逆に言えば、それだけお母さんの負担は相当なんですね。

橋本　そうです。

中西　個人で抱え込めなくなっている状態ですね。

橋本　お互いが協力し合い、助け合ってゆこうという生活がなくなっていますからね。隣に誰がいても、手助けもしないし、親族との交流も途絶えてきている。つまり孤立です。それが虐待につながってきている大きな問題のひとつだろうと思います。

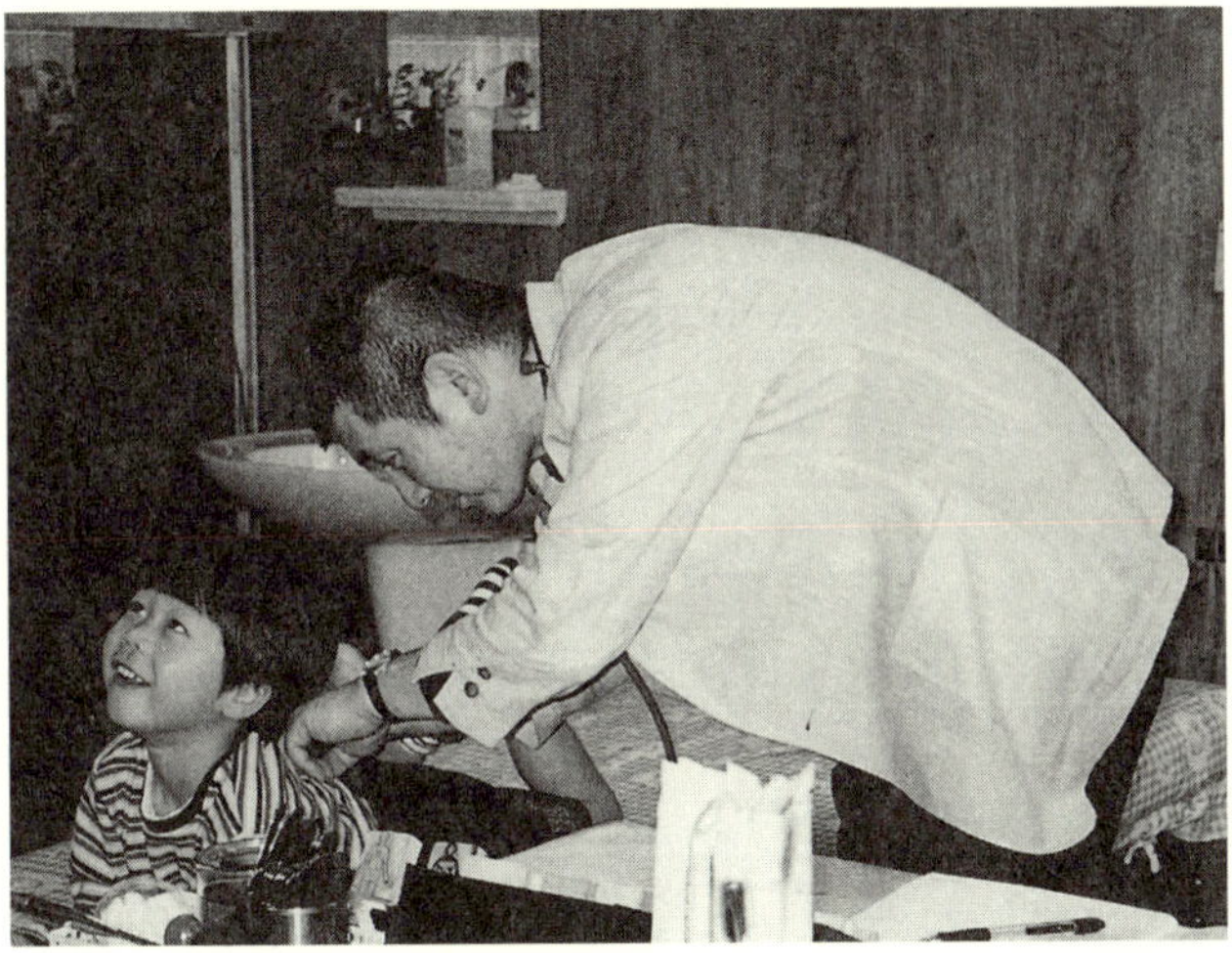

診察中の橋本信男さん

……核家族、少子化……。幼児虐待の原因を探るキーワードなら、いくらでも挙げられるでしょう。しかし、なによりも大切なのは身近な人たちが孤立した母親たちの非常ベルに気づくということです。

虐待を特別視しない

中西　虐待を受けた子どもと接してこられて、なにが一番大きな問題だとお考えですか。

橋本　虐待行為を別世界のものと考えるのはやめようということです。そのような見方や考え方に変わるのには相当時間がかかると思うのですが。お互いがそのような考え方を持ってくれれば、虐待はなくなってゆくと思いますね。虐待は特別なものと考えている人がたくさんいますが、特別なものだという見方をせずに、日常茶飯事、どこにでも落ちている石ころと同じようなものだとみなしてほしいと思います。

中西　あんたも虐待を受ける立場になるよと。老人に関しても虐待問題はいえるのじゃないかな。生まれてきてよかった、生きてきてよかったというのは、赤ちゃんとか老人だけの問題ではないのですね。

橋本　親と子と祖父母はつながっておかなければいけないと思いますね。どうしても、おじいちゃん、おばあちゃんのほうが子どもを甘やかしているように見えますけど、それだけ余裕をもって子どもの成長を見ているんです。

中西　でも今、そのおじいちゃん、おばあちゃんと接する機会さえないですね。

橋本　そうですね、それが日本の生活環境の大きなマイナスだと思います。

中西　じゃ、子育てということも伝わってないんだ。

橋本　そうです。自分自身の考えだけで子育てをしてしまうのです。経験もない人のほうが勝手にやる場合が多いのです。

中西　子どもを抱くのも初体験。

橋本　子どもにとんでもないようなことをしている人がたくさんいますからね。

中西　それを虐待と言われると、びっくりするでしょうね。

橋本　生まれて間もない赤ん坊を「高い、高い」と何度も上のほうへ放り投げて、柔らかい脳をぐちゃぐちゃにした親もいました。

親はその行為を虐待と思ってやっていないことが、非常に危険なのです。家族のなかに経験を積んだ人が親のそばにいないものだから、そのようなことが平然と行われています。ましてその虐待行為に対して、赤ん坊は親に文句や拒否などの言葉を訴えられないから、親の目の前に子どもの表情は出てこないでしょう。

🎙……虐待は石ころみたいにゴロゴロ転がっていると言う橋本さん。子どもを初めて育てる場合など、幼児虐待に陥ることはあり得るのです。一番の問題は、幼児虐待の事実を特別視する社会にあります。命の尊厳が失われるさまを、黙って見過ごす人などいないはずです。

子どもの権利を重んじる

中西　十年間、虐待問題に取り組まれてきて、十年前とどこがどういうふうに変わったか、そしてどういう課題があるのでしょうか。

橋本　十数年前は、子どもを親から奪って児童相談所に行きました。そして、このままの生活環境が続くと、子どもの生命が非常に危険だからと説明しました。しかしその当時は法的支援を僕も勉強していなかったし、親の同意がなければどうすることもできなかった。

中西　親権があると言われたら……。

橋本　親の行為を止めることができないと、そのころは思っていたのです。ところが本当は子どもの権利もあるはずです。それを重んじれば当然、危険なところに帰すことはできないということで、児童相談所と事例検討します。研究会や事例検討を繰り返すことによって、やっと児童相談所が子どもの保護に対して活動してくれるようになりました。現在は、いろいろな情報が入ってくるようになりました。我々医療関係者、児童相談所、施設の三角同盟もでき上がってきました。また、施設との連携も上手にできるようになってきました。

中西　先生たちの間で、また民間レベルで活動されていることはありますか。

橋本　これまでは医療機関外の機関に向かって発言してきましたけれど、医療機関の役割として、小児科は小児科のなかでいろいろな認識の勉強が必要です。小児科だけではなく、ほかの診療機関も、子どもの怪我や骨折といった診断だけではなく、なぜそれが起こってしまったのかということを素直に考えてやらないとだめです。怪我や骨折は子どものSOSなのです。そのSOSをきちんと受け取ってやる必要があります。そのためにも今後、医療機関の役割を固めてゆく必要があるのだろうと思います。

国がすべての子どもの親に

中西　こういう活動を続けてこられて、なにが一番必要ですか。

橋本　一番言いたいのは、子どもの生活や心身の安全を守る活動を国がやってほしいということです。国がすべての子の親になるという目があれば、かなり虐待は減るのじゃないかと思います。

中西　憲法にはちゃんと保障されていますものね。

橋本　しかし実際はそうじゃない。そこに食い違いがあるからこそ、どうしてもこのような犯罪……犯罪じゃないけど、事故は起こってしまうのです。だけど、親の不適切な行為、虐待行為が起こったとしても誰も罰せられてない。

中西　殺人にはならないのですか。そうやって虐待をして赤ちゃんを殺したとしても。

橋本　これだけ死んだ子どもをたくさん見てきましたけど、子どもの親は殺人罪に問われていない。親子の場合、警察は別の見方をするのです。これは子どもの親がやったことだから、親が自分の子どもへのしつけと言っているから仕方ないと。親の不適切な行為を「しつけ」という言葉に収めようとしてしまう。日本では昔からそのような生活習慣に慣らされていたでしょう。それが現在では少しずつ変わってきています。ここでどうにかしなければいけないというのが今の現実じゃないかと思います。

身体的虐待は、痛みの原因を解決してやればなくなります。ところが心理的な虐待が加わったら一生のことです。それをなくしていかなければならない。

中西 これから親になるという方に、どうしたら子どもがのびのび育つかをお話しください。

橋本 病院の診療の場でお母さんと上手に話すのは非常に難しい場合が多いのです。診療所のなかは気軽に話しにくい場所でもあります。自分にとってどうしたらいいかということが分からないという人が身近にたくさんいると思います。それをある程度サポートするのが、医師もそうですが、祖父母や保健所の保健婦、助産婦の方たち。この方たちは、たくさんの知恵を持ってます。子どもの健やかな心身の成長のためにも、その人たちをうまく利用してほしいと思います。

……国がすべての子どもの親になればいいと言った橋本さんの話を聞いて、一九八九年、国連で採択された「子どもの権利条約」の一文を思い出しました。

「すべての子どもが生命に対する固有の権利を有する」

命の重みを訴え続ける医師の挑戦は今日も続いています。

（放送日　一九九八年五月十八日～二十二日）

手話は言語通訳の専門家

若杉義光さん

一九五四年、大分県生まれ。西南学院大学経済学部卒業後、社会福祉法人福岡コロニーに就職。一九八二年、古賀町手話の会設立に関わり、副会長・会長を務める。一九八五年、宗像市で宗像手話の会（連絡先＝宗像市東郷二十一―三　電話〇九四〇―三六―一八八六）を設立。一九八七年、第十回世界聾者会議（フィンランド）に日本代表団として参加し、国際舞台での手話通訳を体験。一九九〇年、第二十六回全国身体障害者体育大会開催にあたり、手話コンパニオン養成の責任者を務める。一九九三年、厚生省公認手話通訳士試験に合格。現在、福岡県手話通訳問題研究会会長。

……これほど人権、人権と言われているのに、知らないことがたくさんあることに気がつきました。そのひとつに手話があります。

手話をする人たちのことをなんと呼んだらいいのか。手話とはそもそもどのようにして生まれたのか。考えてみると、手話のことを全く知りませんでした。「宗像《むなかた》手話の会」会長の若杉義光さんを訪ねて、いろいろ教えてもらうことにしました。

ボランティアまかせの現状

中西　「宗像手話の会」の会長をなさっていらっしゃいますけれども、いつごろから手話を始められたのですか。

若杉　私がこの職場に入ってきてから始めました。

中西　コロニー印刷？

若杉　そうです。大学を卒業するときに、将来福祉関係の仕事をしたいと思って、福岡コロニーに入ってきたんです。当初は指導員として、障害を持った人たちとかかわりながら一緒に仕事をしてゆきたいという希望を持っていたのですが、配属が営業だった。朝から晩まで車で外回り。日常的に障害を持った人と接する機会がありません。でもなんとか障害者とかかわることがやりたかった。そこで、手話の講習会が宗像のほうであると聞いて行きました。

中西　厚生大臣公認手話通訳士という資格なんですね。

若杉　はい。一九八九年から試験制度が始まりました。

中西　それまではそういうのはなかったんですか。

若杉　そうです。個人的にやっていた。あくまでもボランティアという状況です。資格はもらったけれども、それがあるから就職できるということではないんです。たとえば手話のボランティアをする人が、新たなボランティアを、それこそボランティアで養成するというのは、先進国のなかで日本だけなんですね。

中西　海外はどうなっているんですか。

若杉　国が養成所のようなものをきちっと設けて、専任の講師をそろえ、そしてそこにみんなが手話を勉強に行く。

中西　プロの手話通訳士がいるわけですね。

若杉　そうです。手話通訳というとらえ方が全然違うんです。日本は手話＝福祉＝ボランティアみたいな感じで民間まかせの状況ですが、外国は手話は英語通訳と同じように言語通訳だというとらえ方なんです。

だから、日本も国の責任で、きちっと手話通訳者を養成してほしい。その技術レベルを国として認定してほしい、認定に通った人を公的な場所に配置してほしい、という運動をずっとやってきたんです。

中西　公的な場所というと。

若杉　市役所や病院などですね。

中西　あ、そうか。そういう公共的なところにもいないんですね。

若杉　そう、いないんですよ。

🎙……日本の福祉の後進性はよくいわれることですが、手話の世界も例外ではありませんでした。ボランティア頼みの手話の現状を初めて知りました。そして「手話通訳士」という呼び名のことも。

禁止された手話教育

若杉　戦前は聾学校のなかでも手話で教育を受けたのです。ところが戦後になると手話は駄目だとされた。口話教育といいましょうか、聾学校の先生も手話を使わずに口だけで話す。なぜかというと、耳の不自由な子どもが手話を覚えてしまうと、日本語を覚えようとしないからということなのです。大きくなって社会に出ていったら手話では通用しないんだ。だから、普通の耳の聞こえる人たちの口を読み取る訓練とか、また声を自分で出す訓練をしなければいけない。そういうことで手話は禁止されているんです。

中西　禁止ですか。聾学校では教えないのですか。

若杉　そうです。文部省は「いや、禁止はしていない」と言って、徐々にやっていますけれども、戦後はやっぱり禁止という形ですね。

中西　つまり聾唖者のほうから健常者に歩み寄っているということですね。

若杉　そうです。

中西　僕らはこっちから歩み寄る方法をなにも習っていない。学校で英語は習いましたから、少しは外国の人とは口がきけるけれども、それもほんの少しですが……。聾唖者の方とは同じ町内に住んでいてもコミュニケーションできないという状態ですね。点字も習っていませんし。

スピーチ大会で講評中の若杉さん

若杉　一九九五年に文部省が、聾学校の中等部および高等部で手話を補佐的に使用することが望ましいといった文書を出したんです。現実的に聾学校の先生といっても、聾教育を専門に受けてきた先生ばかりじゃないんです。普通の教員採用試験に通って、聾学校に赴任したというだけです。ですから先生たちにとっても手話を覚えることは苦痛なんです。学校のなかでやっぱり手話は必要だと一部の人が思っていても、抑えつけられるというような状況です。

中西　でも一番使われているのは手話なんでしょう。

若杉　そう。だから先生と生徒とのコミュニケーションができていない。もちろんこれはあくまでも一部のことで、聾学校は聾学校なりに教育しているのでしょうが、本当のコミュニケーションを考えてゆくと、やはり手話というものを聾学校のなかでもきちんととらえてゆく必要があるのではないかと思います。

……ごく最近まで手話が、表向きは禁止されていたというのは意外な話でした。手話を補佐的に使用させるのなら、なぜ全面的に使用を認めないのでしょうか。手話と読唇術の両方が使えれば、コミュニケーションの手段は増えるのに。

低い社会的認知度

中西　基本的なことですが、手話というのは日本の国内では日本語を訳しているわけですね。

若杉　はい（笑）。

中西　文法とか、なにかそういう法則はあるんですか。

若杉　あります。今は盛んに手話の研究が進んでいまして、やっぱり手話にも文法があるんだというとらえ方をしています。手話というのは、ただ身振りだけみたいなとらえ方しかされていなかったというひとつの不幸な歴史があると思うんです。

中西　手話というのはいつごろから始まったんですか。

若杉　人類が生まれたときからあったと思うんですよ。それが手話と認識されていないだけであって、耳の聞こえない人同士がお互いになんらかの意思疎通をするために、身振りという部分から始まって、こういうときはこういう表現にしようみたいな形でだんだん固まってきたのではないでしょうか。

中西　外国の手話と日本の手話というのは、また違うわけですね。

若杉　手話はその国の文化から生まれてきていますので、言葉が違うように手話表現も違います。でも似ている部分はたくさんあるんですよ。

中西　全く言葉と同じですね。

若杉　そうです。まだまだ手話は市民権を得ていないというように思うんです。同じ通訳でも英語通訳だったら、「おお、すごいな、専門的だな」というイメージがありますね。でも手話通訳といったら、「ああ、ボランティア」という感じで、ちょっと低く見られているようです。僕は逆に外国語通訳よりも手話通訳のほうがより専門的ではないだろうかと思っています。

中西　コミュニケーションの手段としてはどちらも重要ですね。

若杉　まず手話通訳がきちんと言語通訳として認められるということが必要ではないでしょうか。

🎙……手話を言語として認めてほしいという若杉さんの言葉。日本ではまだ手話は人と人とのコミュニケーションの言語ではないのです。欧米では手話通訳士という職業さえ成立しているのです。

手話通訳者の職業病

若杉　僕が手話通訳者として資格を持っていても、普通のサラリーマンの生活でしょう。ところが聾唖者の通訳要求というのは、平日の日中にあるわけです。だから通訳に行けるのは、どうしても仕事を持っていない家庭の主婦になってきますね。

手話通訳にも職業病があるんですよ。頸肩腕《けいけんわん》障害といいまして、首、肩、腕。握力が落ちてきて、筋肉がいつもパンパンに張った肩凝りの状態がずっと続く。

中西　腕を上げっ放しですからね。

若杉　そうです。それがどんどんひどくなってくると、感情のコントロールができないような状況、あるいは日常生活ができない状態にまでなっている人がたくさんいるんです。

中西　そうですか。講演会の途中で通訳する場合、よく二、三人が交代されますね。

若杉　はい。たとえば普通の講演の通訳をする場合、演者が話している日本語を聞き、それがどういう意味かを理解しますね。今度はその理解に基づいて、この言葉にはどういう手話表現がいいかということを選択するわけです。そして選択した手話表現によって表現する。
　脳には言語を司る脳と運動を司る脳があるらしいんですが、それが瞬時に判断して表現するという状況で、非常に精神的に疲れるんです。ですから、ずっと続いてしまうと、身体的な疲労と精神的な疲労で頸肩腕障害ということになる。二十分で交代しないと体力がもたないですね。ところが国としては、手話通訳でなんで職業病が起こるのだということで、なかなか……。

中西　まだ職業じゃないですしね。

若杉　労災認定のため、全国的に署名を集めたりしています。やっと数例認められただけで、実際には頸肩腕障害になっている人はたくさんいるんですよ。もうボランティアの範囲を超えてしまっている。

中西　そうですね。

若杉　きちっと手話というものを見直してもらわないと、今のままでは発展はないですね。

まずは講習会から

中西　僕らが手話を身につけることによって、どれだけ聾唖者の方とのコミュニケーションがとれるか。それは聾唖者の人にとっても僕らにとっても、プラスですよね。そういうことがもっと普及するために、まず僕らは身近なところでなにをやったらいいのでしょうか。

若杉　地域などで開催されている手話講習会に通うことから始めることです。
中西　難しいことではないんですね。
若杉　そうです。それこそ老若男女が学べるものですから。
　ある女性が喫茶店に入ったらまわりが全部聾啞者で、どんどん手話で話すものだから、なにを言っているのか、さっぱり分からなかった。そこでフッと自分の立場が聾啞者がいつも置かれている立場なんだと気づいたわけです。聞こえる人間の社会のなかで、聾啞者はなにも分からない状況に置かれているということが、自分が経験して初めて分かったと言っていました。
　このように聞こえないということはどういうことなのかをまず理解しないと、手話の勉強をただ続けていても、技術も伸びていかないと思います。手話においても理論と技術があるとすれば、まず理論をきちっと持っていれば技術はおのずからついてくるような気がします。
中西　人の話を聞いて、それを訳して伝えられるようになるまでに、どのくらいかかりますか。
若杉　そうですね、最低四年ぐらいでしょうかね。
　手話通訳士は全国で八百七人なんです。福岡県では今、十七人です（収録当時）。聾啞者百人に対して手話通訳者を一人としても、全国で四千人の手話通訳者がいなければいけない。その四千人をきちんと養成して、技術を認定して、そして公的なところに置いてほしい。でも現実的には、地域の手話の会や社会福祉協議会とかの主催で手話講習会をやっているだけですから、そこで学ぶという状況ですね。そのなかで手話の問題や聴覚障害者の問題をきちんと教えられる人が、また必要です。

……「差別」って想像力の欠如だとはよくいわれることですが、あなたがなにかの病気で病院に担ぎ込まれたと思ってください。必死に訴えても医者や看護婦が「コノヒト、ナニヲイッテイルノカワカラナイ」という顔をしています。さあ、どうする？　想像してみてください。

（放送日　一九九七年十二月十五日～十九日）

福岡の街で外国人の心と向き合う

矢永由里子さん

一九五六年、大分県日田市生まれ。臨床心理士。米国・ミネソタ大学にて異文化コミュニケーションを学んだのち、テンプル大学にて教育学部カウンセリング学科修士課程を卒業。専門は、個人・夫婦・家族対象の心理カウンセリングと、難病患者を対象とした病院での心理臨床。地域を視野に入れた専門家同士のネットワークづくりや、難病患者の地域理解や予防・啓発のための講演や研修会を行う。多文化間精神医学会理事、福岡県国際化を共に考える懇親会委員。福岡市国際交流協会（通称レインボープラザ）連絡先＝福岡市中央区天神一—七—十四　電話〇九二—七三三—二二二〇。

……福岡市国際交流協会の矢《や》永《なが》由里子さんは十年前から福岡在住の外国人を対象としたカウンセリング活動を行っており、習慣の違いや孤独感から起こるさまざまな悩みを抱える外国人をケアし続けています。彼らは一体どんな悩みを持っているのでしょう。

異文化に悩む外国人

中西　なぜ外国人のカウンセリングを始められたのですか。きっかけはなんですか。

矢永　アメリカにいたときに、価値観の全然違う人間がお互いにどう知り合いになり、どんな誤解があって、どう修正するのかという異文化コミュニケーションを勉強していたんです。向こうでは自分が外国人だったわけですけれど、やっぱり違う文化や言葉のなかで生活してゆくと、いろんな問題にぶち当たるんです。

　日常的な生活のこともあるでしょうけど、たとえば夫婦のことや友達関係といった人間関係のことにもぶつかる。ところが周囲にサポートが誰もいないんです。親戚もいない、家族もいない。そんななかでいろんな問題を処理しなければいけない。これはかなり大変でして、私自身も友達でもなく家族でもないけれど、聞いてくれる人がいたら、自分のなかのことをいろいろ整理できるだろうなと思った経験があったのです。

　一九八九年に帰国したとき、福岡に外国人がすごく増えていました。彼らも私と同じような、あるいは似たような経験をされているんじゃないかと思いました。私は心理カウンセリングを勉強していましたので、なにかお手伝いができないかなということで、ボランティアで月一回、在福外国人の方々を対象として始めました。

中西　カウンセリングとは、具体的にどういうことをなさるのですか。

矢永　異文化のなかでストレスを感じた人たちが、その問題をもう少し整理できるようにお手伝いしようと思って始めたのです。でも実際にカウンセリングをやっていると、結婚問題とか恋人問題がすごく多いですね。外国人の方が孤立しちゃうんです。周囲の人にあまり相談できないし、なかなかお互いのコミュニケーションがとれずに悶々としていて。もう一回、ここで話し合いたいといってご夫婦でこられる方もあります。

中西　話を聞いてもらえるだけでもありがたいですね。

矢永　そうですね。ここでは外部とシャットアウトしていろんな話ができるようにしています。しかも片言の日本語じゃなくて、自分の使い慣れた母国語か、母国語に近い言葉でいろんな気持ちを話していただく。

……福岡市に在住する外国人の数は、すでに人口の一%を超えています。彼らが習慣の違いや孤独感を感じている異国の地とは、まぎれもなくこの福岡なのです。

ほっとできる場所を

中西　ここに訪れる人たちの悩みというのには具体的にどういうものがありますか。

矢永　いろいろありますけれど、大きく分けると長期的な対人関係の悩みと、もうひとつは危機的なもの。私たちもありますよね、事故、病気、災害とか。

多いのは前者の対人関係の問題でして、そのなかには職場の問題があります。はっきり説明を受けないままに解雇されてしまった。あるいは職場で自分が利用されているような、モノとして扱われているような気がするとか、セクハラを受けたという話とか、そういった問題です。

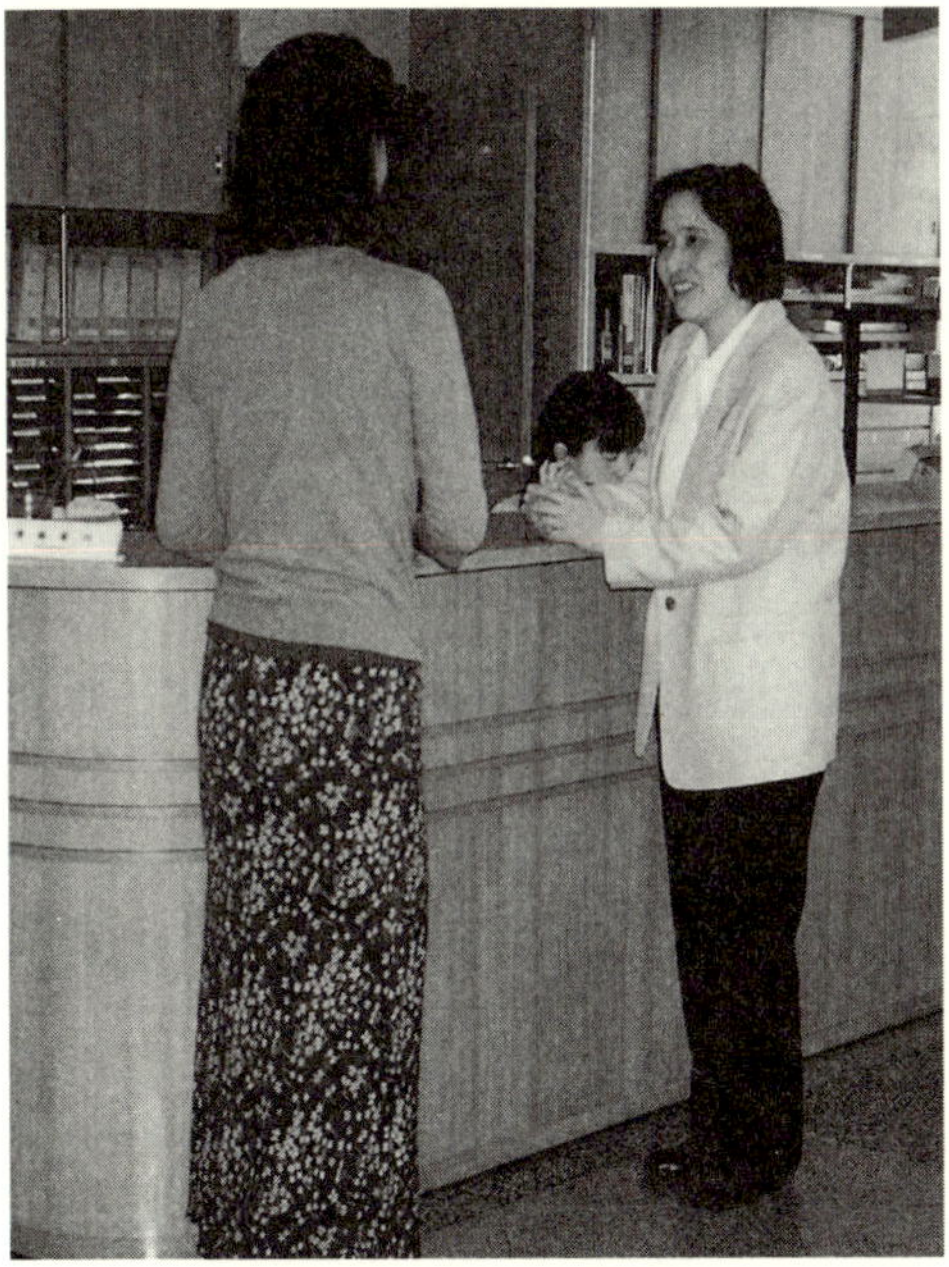
在福外国人と談笑する矢永さん

中西　そうした方たちは、どういうところで働いていらっしゃるんですか。

矢永　いろんなところですよ。多いのは英語圏の人たちでしたら英語教師、私的な英語学校に勤めていらっしゃったり、あとは主婦の方。こちらにきて結婚して家庭に入った主婦の方もいらっしゃいます。

私たちもそうですけど、結婚して五年ぐらい経つとだんだん話をしなくなりますよね。たとえばご主人が日本人で相手の方が外国人の場合に、恋愛中はご主人が一所懸命英語を使っていたのだけど、だんだん配偶者と英語を使わなくなる。気持ちって初歩的な言葉で言い表せないことがいっぱいありますね。奥さんはそれを伝えるほどの日本語の能力はないわけで、だから一所懸命、手紙を書いて渡したりするのだけれど、意思の疎通がなかなかうまくゆかない。そういう方もこられます。

外国人という場合に、アジア人は街にいてもあまり目立たないのですが、欧米の人たちは目立ちますよね。そのきつさはよく話されます。すごく凝視されるとか、やたらめったら英語で声をかけられて英会話の材料にされてしまったり（笑）。いつも緊張している。だからここにくるとほっとできるって。

最初にこられた方はみんな泣かれるんですよ。誰でも泣きます。ずいぶんいろんな思いがたまっているんだろうなと思います。

外国人の目に映る日本

中西　外国からきた人たちにとって、日本はどういうふうに映っているんですか。

矢永　違いというものがなかなか受け入れられないと感じていますね。髪の色が違う、目の色が違う、それでいつも奇異な感じに見られている。

日本人はなにかあったら、すぐ笑うでしょう。たとえばグループで行動しようとするときに、一人ずつ名前を呼ばれてゆく。そのなかに一人、カタカナの名前があるわけです。そうしたらみんなが笑う。笑う気持ちは私も分かるんですよ。全然悪意はない。でも笑われた本人としては、なにもしてないのになぜ笑われるんだろうと、すごく不可解です。

そういうちょっとしたことが積み重なっていって、疎外感を味わってしまう。これが結構、悪循環になるんです。この状態が継続されると、被害感が強くなってきますから、よけいなんでもかんでも悪くとっていってしまう。と同時に、適応できていない自分を責めていっちゃうのですね。来日して五年過ぎても、どうも馴染めない。それは自分が悪いんじゃないかなという感じで、自分を責めてしまう。そんな悪循環になってゆくんです。それがもっとひどくなると、自殺を考える人もいます。

やっぱり違う国に住んで、こういうことを何回も何回も経験してゆくと、ぐーっと気持ちが落ち込んだりするんですね。自分をそこに置いてみると、想像つくと思うんですけど、みんな、バラ色の夢を持ってきますよね。けれども現実はまわりに誰も頼る人がいなくて、自分だけがぽつんといて、言葉も違う。そういうギャップのなかでだんだん追い詰められていっちゃって。

ある人ははっきりおっしゃいましたね。五十代の初めぐらいで、社会的にきちっとした方なんですけれども、同じ問題が自分の国で起きたら絶対対処できると思う、しかし環境が違うとこんなに揺れるなんて自分でも驚いたけど、でもどうしようもないと。

🎤……アジアに開かれた国際交流拠点「福岡」、確かにこの街の様相は急速に変貌しています。しかし華やかにデコレートされた片隅で、彼（彼女）らは言葉や習慣の違いにこんなにも苦しみながら、矢永さんのもとに救いを求めてくるのです。街中に氾濫する横文字のネオンが、なんだかくすんで見えました。

違いがあるのは当たり前

中西　外国人と接する場合、僕らがまず考えなくてはいけないことはどんなことですか。

矢永　人を見る前提が、みんな一緒というのはまずいですね。それは現実的じゃない、非現実的な見方です。みんな一緒なのが当たり前で、違うのはおかしいという前提だから、全部間違ってくるんですよ。それをまず見据えないと、外国人問題も間違うと思うんですね。

変にお客さまにしてチヤホヤしたり、あるいは住み出すと急に冷たくなったりという感じがあるんです。自分たちは一緒だけど、あの人たちは違うと思っている。そこが大きなボタンのかけ違えだと思います。

もうひとつは教育に関係するのですけど、想像力に欠けた人が多いと思います。イマジネーションというのはものすごく大切ですが、これを教育のなかに入れていないでしょう。つまり三者関係になりにくいのです。「あなた」と「私」という関係だったら、まだいいのだけれども、第三者がいる場合、イマジネーションを働かさなければいけない。

あるいは「あなた」と「私」でも、「あなた」の立場に自分を置いてみる。これは想像力がないとできないですね。

外国人を理解するというのは、華々しいことでもなんでもなくて、同国の人を理解するより、もっと忍耐がいるんですよ。もっと想像力がいる作業なんです。だから想像力の欠けた人間にはすごく難しい。すぐ「あの人は外国人だから、あんなにするんだ」というふうに片づけてしまう。

自分と違うのは外国人だけではないですよね。そういう人間を理解するときには、想像力がいると思います。このふたつは基本のところじゃないかなと思いますね。

本当の交流とは

中西　外国人と交流する場合、英語が話せることがまず第一条件ですか。

矢永　全然しゃべれないとやっぱり難しいですね。かといって、英語をペラペラしゃべれるから、それで交流しているかというと、また違いますね。ではなにが大切かというと、その人がなにを持っているかでしょうね。自分の考えなり、知識なり、なにか人に与えられるものを持っていることが大事です。

具体的に話をしますと、たとえば外国人にとってもいろいろとおもしろい、興味深い話を持っている人、いろいろなことに関心を持っている人というのは、その部分で話せるんですね、片言でも。外国人も話がすごくおもしろいから一所懸命聞くわけです。

言葉というのは道具ですから、うまく使うにこしたことはないけれども、もっと大切なのはお互いに与えられるものを持っているかどうかだと思います。

ただ、人類、皆きょうだいという感じで軽く考えて、お互い「分かってる、分かってる」と確認しないままいくのは怖いですね。コミュニケーションというのは、どこかできちんきちんと押さえていかないといけないと思います。

それから優劣つけないというか、相手を尊重する気持ちを持つことってすごく大切です。

中西　そうですね。西洋人と話すときに、向こうのほうが文化が上なんだ、アジアの人に対するときは向こうが下なんだ、というような感覚が一般的にあるようです。日本もアジアの一員なのに。「脱亜入欧」から脱しきれずに、この百年の歴史をきちんと整理していないし、学校教育でもきちんと教えていない。

矢永　ほかの国の人たちと交流するときに、やっぱり歴史を知っておかないとだめですね。歴史って過去じゃなくて現在につながっていることでしょう。だからそれをきちんと知って、その上で交流しないと、本当の交流って生まれないのではないでしょうか。

やれその場でお祭りして、やれ一緒になにか話をして楽しかったと。それを向こうの人は本当に楽しく思っているかといったら、本音の部分というのは分からないですね。私たちがアジアの人たちになにをしたのかということを、きついけれどしっかり見ておかないと、交流という中身が自分たちだけの自己満足に終わってしまう気がするんですよね。

……言葉はあくまでも道具です。道具だけでは心と心の交流は生まれません。むしろ重要なのは相手になにを伝えたいか、相手がどう考えているのかを理解することではないでしょうか。矢永さんは孤軍奮闘しながら、さまざまな国の人と交流を続けています。

（放送日　一九九八年一月十二日〜十六日）

差別意識と押しつけ

永六輔さん

一九三三年、東京浅草の寺に生まれる。一九五二年、早稲田大学文学部中退。中学生の時、ＮＨＫラジオ「日曜娯楽版」に投稿をして以来ラジオを中心に作詞、テレビ、出版の仕事を続けている。生活の大部分は旅ぐらしで、そこで感じた矛盾や感動を語り、書き、時には市民運動やボランティア活動を手伝っている。一九九二年、ＮＨＫ放送文化賞受賞、一九九四年、都民文化栄誉賞受賞。『大往生』、『職人』など著書多数。

……かつて永六輔作・小沢昭一演出の芝居で旗揚げした「芸能座」という劇団がありました。僕の俳優としての出発点がその劇団です。そのころから永六輔さんには大変お世話になっています。博多でお会いしました。

差別用語と差別意識

永　永六輔です。中西君には東京のラジオで僕の番組のゲストになってもらったことがあったのですが、僕がしゃべりまくってゲストにしゃべらせなかった（笑）。

中西　そうです。今日もそうみたいで（笑）。

永　今日は僕がゲストなので、当然僕がしゃべりまくってしまおうと思うんです。決してあなたをいじめているわけじゃありません。あなたは短い話を長くする名手で、短い話を短くできないから（笑）。

中西　はい。つまり、その……エート。

永　あなたのそのモタモタぶりで、よくこの番組続いてるね（笑）。

中西　……人徳で（笑）。

永　あなたは言葉を選び過ぎるんですよ。この言葉を使っちゃ失礼じゃないかとか、この言葉でいいのかな、と気をつかいながら話をする。脚本に書かれた科白《せりふ》を言っているときには、あれだけ流暢にしゃべりまくってるのに、こうやって地で向かい合うと言葉を選ぶんですよね。この言葉は差別用語、あるいは放送倫理規定にひっかかる言葉じゃないかなと思うから、もうしゃべれなくなってしまうんだよ。

中西　そこまで考えてません。

永　考えろよ（笑）。僕はそう理解していました。放送の仕事になると、しゃべってはいけない言葉が出てくるから言葉を選び始める。僕は言葉を選んでないでしょ。しゃべりまくってるでしょ。

中西　そうです。

永　それは自信があるからなんですよ、人を差別してないという。僕も差別されてきたほうですから。

「永」という名前は「ヨン」というのが正しい。「ヨンさん」と言われると、僕はオッという感じです。この名前のおかげで戦争中はひどい目にあった。僕は父に「どうして永という一字で頑張ったんだ。永山さんでも永田さんでもなんでもいいじゃないか」と言ったら、おやじが「これは家の名前なんだ、なんで名前を変えなきゃいけないんだ」と。

若い方はご存じないかもしれませんけれど、朝鮮半島の場合、創氏改名という時代がありました。「永」は中国の上海に多い名前で、そのせいで徳之島にも多い。そういうことで「昔はエイではなく、ヨンと言いました」と言うと、「エッ？」、「失礼しました」と。うろたえるのを見ているのが楽しい（笑）。

障害者に対する差別的な表現がありますね。それも気にしませんね。それが許されるためには説得力がなければいけません。それから、この番組のように行政、福岡県が提供している場合、県として許せる言い回しと、ちょっとあの放送は過激でしたというのと、そのへんは私なりに大体見当つけてます。今のは多分いけるんじゃないかと思いながら話をしています。

中西　「水平社宣言」てありますね。あれをお書きになった西光万吉さんと永さんは、昔親しくしていらっしゃったとか。
永 はい、亡くなる前は特に。
中西 「水平社宣言」のなかに差別用語と言われるものがいっぱい使われてますね。
永 はい、使われてます。
中西 あれは放送できなくなっちゃうのですね。
永 「水平社宣言」から一部を抜いたらできないですね。エタという言葉ひとつとってもね。たとえばオカマの皆さんが、その代表はオスギやピーコなんだけれども、「エタと同様にオカマも差別されてきたんだ」と言ったことが問題になったことがありました。解放同盟のなかに「俺たちとオカマを一緒にするな」と言って怒った人がいました。
中西 そういうときはオカマを差別してるんですね。
永 そうです、そうです。だから僕はそこを話し合いました。そんなことが繰り返されながら、差別用語というのは整理されてゆくと思います。
オカマというのは、ほんとは我々が使ってはいけない言葉です。あれは女装する人たちに対して女装しない人たちが言う、いわば内輪の言葉なんです。だからオカマでもなんでもない人が、たまたま女性的な男性のことを「オカマ」と言うのは、ルールからいって差別です。
亡くなった高橋竹山さんとか長谷川きよしさんがラジオの僕の番組に出て、「めくら、めくら」と連発するわけです。「俺、めくらだから。めくらだから」って。それに対して誰もなにも言わないですよ。目が開いている人が、なぜ「めくら」と言ってはいけないのか。めくらが「めくら」と言うのはいいのか。これは差別じゃないですか。

もうひとつ。用語というこの言葉が難しくて、オカマ用語とか、男用語とか、女用語とか、あるいは役人用語とかいうのがあるとすれば、用語と用語のなかにも差別がすでに存在しちゃう。

「差別用語」という言葉がおかしいです。この「差別用語」という言葉をなくさなければいけません。「差別用語」がいけないのではなくて、意識がいけないいんだから。「差別用語」という言葉をつくっちゃったのは、マスコミなんです。差別用語を使わないようにという自主規制から出てきた言葉です。

この「差別用語」という言葉を持ち出してきて言葉を整理しようとする意識を、僕は一番軽蔑する。言葉そのもので差別は生まれてきません。意識のなかに出てくるものですからね。用語とか言葉遣いのなかで使ってはいけない言葉はあるはずがないと思ってますから、言葉そのものは悪くないと僕は思います。

本質を見失わない

中西　最近、学校のなかでいじめがあったり、暴力事件があったり、ナイフを振り回して人が殺されたりしています。

永六輔さん

永　ナイフに絞って話をしましょう。NHKの「視点・論点」というニュース解説の番組で、僕はナイフを持っている子どもたちに向けて言いました。ナイフを研いでほしい、とことん研げ、砥石を持ってきて研ぎなさい。刃物を研ぐということによって、どんなに心が穏やかになるか。鋭い刃物というものが恐さと同時にどんなに美しさ、優しさを持っているものか。それに君たちは気がついていない。文部大臣がナイフを持つな、なんて言ってるけど、とんでもない。ナイフは持て。そのかわり、研いでほしい。ついでにお母さんの包丁も研いで親孝行をしなさい。僕に言わせれば、とってもいい話をしたんです（笑）。

中西　それは放送されたんですか。

永　されました。

中西　おめでとうございました。

永　その後、しばらく出演できませんでした（笑）。NHKだけじゃなく、聞いている人たちのなかにも、とんでもないことを言うという意見があります。今、ナイフを子どもたちが持っちゃいけないという世論のなかで、持っているナイフを研げというのはおかしいと言うけれど、僕はそう思っていません。

刃物＝危険という考え方を文部大臣が持っていることが、僕は怖いです。刃物は危険です。危険だからこそ、美しい。ナイフだけをいけないと筋の通らないことを言う文部大臣がいるのがいけないのです。

もうひとつ、言わせてもらいます。どんな理由であれ、教師が生徒を殴っちゃいけないというのはとんでもないと思います。理由がちゃんとしていれば、先に殴っちゃってもいいと思います。正当防衛しかりですよ。正当防衛もできない教師なんてものは、教師でもなんでもないですよ。刃物を持っている子どもたちがいたら、どう戦うかを教師の側も考えて、少なくとも子どもたちより歳とっているんだから勝たなきゃ。それを暴力教師って言っては失礼ですよ。暴力生徒とか、暴力学童ってどうして言わないの。そうでしょう。暴力学童、暴力生徒がいたら、暴力先生だっていていいんですよ。なにをやっても先生側が悪いという、今の教育現場に僕は絶対反対です。

ガキのほうが悪いことはいくらもあります。ガキどもが少年法を楯にとって、自分たちがなにをやったって救われるということを意識していることのほうが、よほど恐ろしい。ナイフを持っているより恐ろしい。だからナイフは研げ、正当防衛だったら教師は殴っていいというのが、私と福岡県の共通意見であります（笑）。勝手にスポンサーの福岡県を味方にしちゃった（笑）。

異文化を理解する

中西　外国にこれだけ日本人がいっぱい出て行っていますが、それでも国際化になりませんね。

永　なりませんね。

この福岡は日本のなかで、多分一番朝鮮半島とのつきあいが強いと思うんです。なんとか仲よくしようという発想が強いのね。でも仲よくする必要は全然ないんですよ。もめないように、喧嘩しないように苦労しなきゃいけない。それなのに日本人ってすぐ仲よくしたがるんだよね。仲よくすることと、もめないこととは違うんです。仲よくしようとするから両方無理がいって疲れる。在日の諸君とのつきあいは、そこを大事にしないといけない。

仏教徒のように、とにかく「まあまあ、仲よくしましょうよ、いろいろあるでしょうけど、仲よくしましょうよ」ってことは、儒教の強い朝鮮半島では許されません。朝鮮半島では、いけないものはいけない、いいものはいいということのメリハリがきちんとしているでしょう。そのようにつきあわないと。彼らの文化でつきあってゆかないと、彼らも欲求不満がたまってしまうんですよ。

僕には在日の友達がたくさんいますが、共通して言うことは、仲よくする必要なんかない、喧嘩しない努力をしましょうということです。国民性や文化は世界中、全部違うわけですからね。意識も全然違う。だからみんなで喧嘩をしない努力をすることがイコール平和なのであって、仲よくする努力をしたって、無理がいって疲れるだけ。どうして仲よくできないかということを、論理的、合理的に説明することが、結局「和」なんですよ。

かつてこの国の千円札のなかに伊藤博文がいました。伊藤博文というのは、朝鮮半島の人にとって仇敵なわけですよ。安重根《アンチュングン》のほうがヒーローなんだから。だから、在日の皆さんが千円札を使うときに、どんなに屈辱的だったかということを日本人が思ってあげたか。語気が荒くなりますけどね、なにも分かっちゃいないんですよ。

たとえばインドネシアからきている人たちの場合、お金の価値が下がっちゃってどれだけ苦しいかということについても、多くの日本人には分かりゃしない。ペソが大体五分の一ぐらいに落ちちゃっているということは、一万円の仕送りを受けていても、二千円の価値しかないわけでしょう。そういう理解の仕方って日本人は下手ですよ。相手の気持ちとか、相手の国の文化を大事にしないで、日本の文化や日本人の気持ちを押しつけながら、「仲よくしましょう」と言ってる。これはたとえば中西君と永六輔とを考えたって、気持ち悪いじゃないですか。距離置いてるでしょう、我々。

中西 置いてますか（笑）。

永 置いてるぞ（笑）。

中西 変わってきたんでしょうか、日本人というのは。

永 変わってきていません。かつて朝鮮半島経由の大陸の文化を受け止めたときの日本人と、今のアメリカの文化をいやおうなく受け止めさせられている日本人と、そんなに変わってないと思います。こういうことの繰り返しを絶え間なくやってきている。

聖徳太子のころに、「十七条の憲法」というのが出てきますね。

中西 はい、古いですね（笑）。

永　最初に「和を以て尊しとなす」というのが出てくるわけです。そのあと、官僚に対して徹底的に、賄賂をもらっちゃいけないとか、接待を受けちゃいけないとかということがこと細かに書いてあるのです。それは聖徳太子が立派な憲法をつくったというのではなくて、そのころにも賄賂をもらったり、悪いことをする役人がいっぱいいたから、ああいうものが出てきたのです。昔の日本人は優れていて、今の日本人は優れていないとか、あるいはその逆といったことはあり得ないと思います。見た目は違ってきていますが、日本人の体質は見事に変わってないですね。

いやな言い方をすれば、島国根性というものは、はずしようがないと思いますよ。よそを見ない、人の言うことは聞かない、内輪でなあなあで責任をとらない。日本人は本当に昔からダラダラダラダラ、日本人をやってきたのだと思います。

福岡県に限って言うと、黒田藩というのは幕末にとてもだらしなかったじゃないですか（笑）。有能な家臣を処分したから明治政府に乗り遅れた。その後、川上音次郎と玄洋社が登場するけれど、主流にはなれない。あのへんの歴史を日本人は多分ずっと繰り返してゆくのじゃないかという気がしますね。幕末の黒田藩はその縮図、日本の長い歴史の縮図。日本が分かる県ですね、福岡県は。ダイエーというチームと共通しているんじゃないですか。

中西　はあ？

永　強いかと思うと弱かったり。弱いのかと思うと急に強かったり予定が立たない（笑）。立派な球場は持ってるし。

中西　いつも「どんたく」から山笠あたりまでなんですね、強いのは。

永　そうですね。福岡県というよりはダイエーですね。ダイエーは不景気を背負いながら、日本の歴史をずっと繰り返していると。そんなとこでどうでしょうね（笑）。

（放送日　一九九八年六月二十二日〜二十六日）

ちなみにダイエー・ホークスは一九九九年日本一に輝き、二〇〇〇年にはリーグ優勝した。どうだ！

新しい人権の登場

津田聰夫さん

一九四四年、福岡市に生まれる。一九七一年、東京大学理学系大学院物理学博士課程終了。一九七六年、弁護士登録（福岡県弁護士会）。一九九六～九八年、福岡県弁護士会人権擁護委員会委員長、一九九九年年度福岡県弁護士会会長。二〇〇〇年度、日本弁護士連合会副会長。

……人権擁護委員会という言葉を見ます。辞書をひもとくと、文字通り「基本的人権の擁護のための活動を行う委員会」とありました。どのような立場の人が委員会に参加し、どのような活動をしているのでしょう。

人権意識は高まったか

中西　人権擁護委員会というのは、どういう活動をなさっていらっしゃるのですか。

津田　弁護士の活動の原点には弁護士法という法律があるんです。そのなかで使命として第一条にうたわれているのが、「基本的人権を擁護して社会正義を実現する」ということ。この弁護士法に基づいて戦後の弁護士会がつくられました。それと同時に、使命を実現しようということで、人権擁護委員会というのを弁護士会のなかに設置したのです。

中西　それは日本中ですか？

津田　日本中です。弁護士会の連合会で日本弁護士連合会、短くして日弁連と呼んでおりますけれども、ここも日弁連として人権擁護委員会というのをつくっています。役所ではなく民間団体ですから、主要な活動としては在野の立場、民間人の立場からいろんな社会的な人権問題に意見を出していくといったことを盛んにやっています。

またそれとは別に県の弁護士会のレベルでは、人権侵害を受けたという方の訴え、つまり人権救済申し立てを受け付けて独自の立場から調査をし、できる限りの是正措置をとるという活動をしております。

中西　それは行政の人権擁護委員会とは別のものですか。

津田　まるで別です。

中西　「在野の」ということになるのですか。

津田　そうです。じつのところ、以前はそういう申し立てはなかったのです。一九七九年、八〇年までは年に一件くらい。

中西　福岡県で。

津田　はい。ところが八〇年代になると十件を超え、九〇年代には二十件、三十件と増えていきます。

中西　人権意識が高まってきたということですか。

津田　分かりません。ただ、いろんな意味で人権意識、あるいは自分の権利意識というのでしょうか、それが強くはなってきているだろうという気はしますけどね。

日本で基本的な人権が大事なんだ、と公にされたのは新憲法ですね。お上のいう通りにせんといかんと思っていたのが、いや、そうじゃないと分かったのは戦後の話でしょう。それが身についてゆく過程とでも言いましょうか。今はまだその過程、つまり成熟していっている段階にあるのではないかという気がします。

……人権擁護の活動は人権に対する意識が低ければ、その活動の範囲は狭くなります。きっと今までも人権侵害は多く行われてきたことだろうし、現在もさまざまな形で人権にかかわる問題は増え続けているのではないかと思います。人権は人が生きるための権利なのですね。泣き寝入りは人が人でなくなることかも。

基本的人権とはなにか

中西　憲法の三本柱は「主権在民」、「平和主義」、「基本的人権の尊重」ですが、「基本的人権」

とは具体的にどういうものなのかということを、おおまかにお聞かせ願えませんか。

津田　「人の権利」というのを短くして「人権」と言っていますね。人と人との間の権利といえば広い意味ですが、人権の侵害であるとか、人権の擁護という場合にはもう少し狭いのではないかという気がします。それが憲法で基本的人権といわれているもので、十三条と十四条が基本になると思うのです。

十三条は幸福追求権、つまり生命、自由および幸福追求に対する個々人の権利で、侵すことはできないものです。

それから十四条は法の下の平等といっていますけれども、人種とか考え方、性別、社会的身分、門地などで、異なった扱いをされないというものです。考え方としては、自分が相手の立場に立った場合、そういうことをされたら非常にいやだということは、相手にもしたらいかん。これが一番基本だと思うんですね。

人権意識の向上を願う津田さん

中西　ものすごく簡単ですね（笑）。

津田　そうです。人間ってやっぱり想像力があ

りますから。たとえば人をいじめたらおもしろいことがあるかもしれん。しかし逆に自分がそうなったらいやだ。そういう場合を考えて自分をコントロールできるかどうかが、その人の人間としての成熟度を見るひとつの目じゃないかという気がします。

中西　想像力ですね。

津田　ええ。

……人権を守るためには法律に頼る前に、まず自分で人権侵害をはねのける力が必要なのですね。しかし一人の力はあまりにも小さい。そんなとき、大きな支えとなるのが法律です。法律は差別と戦う武器となります。

権利は自ら擁護する

中西　今まで扱ってきた事例には、どういうものがありますか。

津田　教育の問題もありますし、報道の問題もあります。それから弁護士会の場合、特に多いのは、刑務所であるとか、拘置所であるとか、被拘束者からの訴えです。

これは私の考えですが、人の援助を得ることも構わないのですけれども、なるべくなら自分の力ではね返してゆく。まさに自分の力で自分の権利を擁護してゆく、ということも非常に大事だと思うんです。

中西　まずは自分で立ち上がらないと、はね返せないということですね。

津田　状況によっては、なかなか自分ではできない立場におられる方々もあります。そういう方の訴えは、なるべく丁寧に聞いて丁寧に調査をしようという考えでいます。

中西　学校もわりと閉ざされたところです。

津田　そうですね。教育にかかわる訴えは最近出てきたと言っていいかもしれません。その典型的な事例としては中学校の丸刈り校則。四年ぐらい前に中学生から、公立中学の丸刈り校則を廃止してほしいという訴えが何件もきました。いろいろ検討したのですが、子どもの権利もそれなりに尊重しないといけないと……。

中西　子どもたちの認識が進んだんだなと思いますね。

津田　そういう面もあるかもしれません。

中西　僕らの中学のときはなんの抵抗もなく丸坊主にしました。中学生に仲間入りする儀式みたいなものでした。人権侵害をされていると本人が認識しないと、人権侵害にならないのですね。

津田　それで弁護士会としては、福岡県内の公立中学で丸刈り校則のあるところを全部調査したんです。一九九三年の七月段階なんですが、全県で百三十校、三七・六％が丸刈り校則。それ全部を会員が手分けをして訪問し、ぜひ子どもたちの意見をくんでやめてほしいという活動をいっせいにやったのです。結果、弁護士会の意見などを踏まえて、だんだんとその校則を変えるという動きになってきまして、一九九七年の四月、丸刈り校則を残している学校は八校だけになりました。四年間で劇的に変わりました。

中西　へえ、四年間で。やればできるんだ。

🎤……学校での丸刈り校則が人権擁護委員会の活動によって激減したということは、多くの学校が人権侵害を認めたということです。つまり多くの学校、大多数の先生方が人権侵害を自らの判断で是正できなかったということです。

差別を罰することができるか

中西　残念なことですが、今の日本では出身や性別、国籍などで差別がありますね。弁護士の立場から見て、これは違法行為といえるのかどうか聞きたいんです。

津田　程度の問題ですが、刑事的違法といいましょうか、処罰を受けるという場面はあまり多くないように思うんです。それよりもむしろなにか差別的な仕打ちを受けて精神的な損害を受けた、ということでの損害賠償請求となり得る場面が多いのではないかという気がします。

中西　たとえば、部落出身であるということで結婚がだめになったとか、引き離されたということがありますよね。これは違法行為なのでしょうか。

津田　いろんな面があると思います。結婚は両性の合意でする。誰しも「この人と結婚したい」という気持ちを持って結婚することを妨げられることはありません。つまり当事者が達成しようと思えばできることではありません。それを誰がどう潰したかということになると思うのですが、潰した人、それに因果を持った人に対して損害賠償請求というのは理論的にはあり得るでしょう。ただ他方で、直接の当事者がしようと思ったらできることをしなかった、という側面も出てくると思いますね。ですから単純ではないのです。就職試験を受けたのに、部落出身だということで切られた。その事実がはっきりすれば、損害賠償の裁判をしようかということになるのですけど。いろんなケースによって裁判にできるかどうかということも、細かく考えないといけない感じはします。

差別の問題というのは、法律の問題ではなくて人々の心の問題といいましょうか、制度整備でぱっとうまくゆくとは思いません。ただ、だんだんよくなってきているのははっきりしていると僕は思います。人の心が広くなっているというのかな。

……夫婦間の暴力、親子間の暴力、就職や結婚のときの差別などは、極端な例以外、現在の法律では違法行為を立証するのは難しいし、人権擁護委員会まで持ち込まれる事例は氷山の一角です。水面下に存在する人権侵害が白日の下にさらされるためには、人権擁護の意識が常識とならなくてはいけないのです。

新しい人権感覚を

中西　今後、人権擁護委員会としてどんな取り組みをしてゆく予定ですか。

津田　いろんな救済の申し立てを受けて、調査をし、意見を出してゆくというのが基本の活動ですが、実際には事実関係の調査はなかなか難しいんです。弁護士会は別に権力を持っているわけではありませんから。相手から話を聞いても事実関係が食い違ったりとか、いろいろ問題はありますが、なるべくいい活動をしたいと思っています。

それから新しい人権感覚といいましょうか、新しい問題になるべく敏感に意見を出してゆく。世の中の少し先を行く形で意見を出すことができれば、というふうに思っています。

欧米では同性愛者の権利をどうするかというように、その方の立場を尊重して一緒に生きてゆこうという傾向が、もう大分以前から出ているようですけれども、日本でもいずれそういう問題が出てくるかもしれません。

社会のなかでの少数の方の立場を考えてゆくということでは、弁護士会としては一歩進んだ考え方を持っていきたいと思います。

中西　法律とそういう運動との両輪ですね。

津田　そうですね。法律をどの分野でも細かくつくってゆくということが、必ずしもいいことじゃないかもしれない。基本は自分の権利を守ること。そのかわり、相手の権利も尊重する。相手が少数の方であれば、その立場になりきるというのは、かなり想像力がいりますから。みんながその想像力を、自分の豊かさとして持ってゆけるようにならんといかんだろうという気がしています。

……新しい人権感覚の登場という津田さんの言葉は、人権意識が少しずつですが進化していることだと思います。昔は見逃されていたこと、気がつかなかった問題が人権侵害として浮上してきているのでしょう。

（放送日　一九九八年一月十九日～二十三日）

Ⅱ　出会いのなかで

時代を変えていく力

立花寛茂さん

一九四〇年生まれ。成城学園大学卒業後、一九六三年、鬼怒川温泉ホテル勤務。一九六八年、株式会社御花入社。現在、御花代表取締役社長、柳川市観光協会会長。

……水郷柳川の松濤園という庭園と邸宅を利用してつくられた「御花」。その社長であり、初代柳川藩主・立花宗茂の子孫である立花寛茂《たちばなともしげ》さんは、部落差別をなくすための地道な取り組みでも知られています。

組坂繁之さんとの出会い

中西　立花さんはどういうきっかけで、部落問題に取り組まれるようになったのですか。

立花　組坂繁之（現・部落解放同盟中央執行委員長）さんとの出会いです。もう十五年以上前になると思います。

中西　組坂繁之さんは部落解放運動の大変な活動家でいらっしゃいますが、じつは僕の最初のひとり芝居「火の玉のはなし」の原作者でもあります。僕がこの「火の玉のはなし」のひとり

柳川のお堀端に立つ立花寛茂さん

芝居を始めましたころは、筑後地方の青年活動家でした。

立花　あの方との出会いがあって、いろんなことを教えてもらいました。

　ここ「御花」は旧藩主別邸で、殿様屋敷であることを売り物にして、結婚式などもやっています。広告代理店とともに考え、「殿様屋敷から嫁ぎます」というキャッチコピーを入れて、最初のポスターをつくりました。なかなかいいなと思って、電車のなかに貼ったりしていたんです。それを組坂さんがごらんになって、県の教育委員会を通じて、差別だというお話があった。

「ああ、まずいんだったら、すぐはずしていいですよ」とはずしたのですが、正直言って、そのときはよく分からなかった。これがなんで差別に結びつくんやろかと。

その後、組坂さんとじかにお会いして、いろんなお話を聞かせていただいたのです。「殿様屋敷と結婚」となれば、昔の身分制度を表し、それは差別につながるのだということから、私が分からなかったこと、あるいは知ろうともしなかったことなど、いろいろな話を非常に懇切丁寧に、やさしく教えてくださいました。その初対面の一日で、私は目からうろこが落ちたようでした。

そして、「それぞれ立場は違うけれども、そのなかで同和問題を真剣に考えて、立花さんなりに取り組んでいってください」と言われた。組坂さんとの出会いがなかったら、なにも知らないままで、傍観者的な立場だったろうと思います。

……「殿様屋敷から嫁ぎます」というキャッチコピーは、「古きよき時代の水郷柳川」のイメージと重なりますが、組坂さんのような指摘の一つひとつが時代を変えてゆくのでしょう。

部落解放基本法の制定を

中西　立花さんが部落問題に取り組まれるようになって、日常的にどういう活動をなさっていますか。

立花　役割として与えていただいているのは、部落解放基本法の制定運動です。

中西　それは国の法律ですね。

立花　ええ、国の法律をつくってほしいと。ずいぶん前から取り組んでいるんです。

中西　具体的にはどういう法律ですか。

立花　いわゆる人権基本法的なものです。いまだに部落差別が行われており、無理解な方たちがいっぱいいらっしゃるのが現実です。この法律ができることによって、皆さんへの周知徹底を図るというか、知らせることができます。

中西　この前、新聞で見ましたが、就職のときに企業が興信所を使って身元を調べる、という事件がありましたね。

立花　もうとっくになくなっていなくてはならないことなんですが。だからこそ、いろんな方たちに知っていただきたい。基本法の中身の条文などについては分かりませんが、部落差別をなくす、差別を解消するための一番大事な法だと思っています。

ただ私個人としては、部落解放基本法の制定は最終の目的ではなく、あくまでも手段と思っています。部落差別を初めとした身障者の方、人種、男女などの、あらゆる差別が世の中からなくなるというのが、最終の目的です。私自身は力不足ですから、まわりの大勢の方と一緒になって、その一員としてやらせていただきます。

中西　みんなの力ですね。

……小さいころ、柳川の近くで育った僕にとって、立花の「殿さん」（筑後地方ではトンサンと発音）というのは、遠い存在でした。でもこうやってお会いして、「殿さん」が部落問題に取り組んでいるというのを聞いて、びっくりしました。人間、会ってみなきゃ分からないな、というのが実感です。

急増するインターネットを使った差別

中西　部落問題に取り組まれていて、実際にどういう差別がありますか。

立花　そうですね。自分が体験をするということは、幸か不幸か私にはほとんどありません。ただ話によると、インターネットを使って、あの人はどうだこうだというような情報が流される。発信者は誰とも分からない。そういう差別事象があります。

中西　誰だれが部落出身だ、というような情報を流すんですか。

立花　そうらしいですね。そういうことがあるという話は聞きます。だんだん内に潜んでゆくというか……。

中西　それをやって、誰が得をするんですか。

立花　本当にね、得する人って誰もいないと思うんですが。部落問題にまじめに真剣に取り組んでいる人たちと会って話をすれば、発信者にも理解してもらえる部分はたくさんあると思うんですが、相手が分からなければどうしようもない。まったく忌まわしい事象です。

中西　人間というのは、個人が個人として生きてゆけるのではないわけです。ところが、今の話を聞いてると、自分は隠れていて、つながりをつけようとする。これは非常に寂しい現象ですね。

立花　本当に寂しい時代ですね。相手の顔も見えない、自分の姿も見せない。我々の時代というのは、人間関係で生きてきたというか、まわりに大勢の人がいるから、自分ができないことをいっぱい助けてもらえる。自分一人ではなにもできない、ということを知って生きてきています。今の時代は、個人でも生きてゆけるんでしょうけど、私は今の時代の若者でなくてよかったと思っています。

中西　でも、インターネットは世界中に広がるんです。

立花　そうです。外国では人種差別がありますが、日本の場合は日本人同士が差別し合っているわけだから、こんなおかしなことはないと思います。

……インターネット上での差別が急増しているそうです。人間はインターネットというコミユニケーションの手段をつくり上げました。この文明をどう使うか、これは文化です。差別も人間の創り出した文化です。そして、これをなくすのも人間の文化です。

気軽に話せる相手役に

中西　二十世紀は文明が非常に発達していった時代ですが、じゃあ文化はどうでしょうか？

立花　おっしゃるように、文明から文化に変わらなければならない。ただ、その文化をきちんと守ってゆくために一番大事なのは、人権です。今、日本全国どこの市町村に行っても、「あらゆる差別をなくしましょう」という立て看板がありますが、あれはもうなくてもいい、という時代が一日も早くやってくるべきだと思います。

同和問題というのは、真剣にやらなくてはならないけれども、肩に力が入り過ぎたり、重たく感じる部分があるような気がします。だけど、それでは一般の人たちに話をしづらい。もっと軽く話ができないだろうか。「これは自分たちが間違っていたんだな」、「自分はこう思うよ」、「ああ思うよ」というように、もっと気軽に話せる相手役に私はなりたいと思っています。今という時代背景のなかで、あえて重たい問題を、肩を張らないで気楽に話していければいいなと思ってます。

それから部落問題に関しては、よく「寝た子を起こすな」と言われます。これには一理あるかもしれませんが、私はもう寝とったらいかん、まして寝たふりなんかしとったらいけませんと言いたい。しっかり起きて、しっかり目を開けて現実を見つめ、どういう状態になっているのか、なんでそれがいけないのか、なぜそういうことが起こるのかということをはっきりさせる。そうすると、おのずと解決策が出てくるし、自分たちだって、こんなことだったらできるんじゃないか、ということがいっぱいあるはずです。もっと軽い気持ちで入り込んでもらいたいと思っています。また、それをやっていくのが、我々の役割じゃないかと思っています。今はぜひ起きていなくちゃならない時代だと思います。

……僕たちは健康に不安があるとき、お医者さんに行きます。それは命を守るために行くのです。では自分の人権が侵されているとき、人権を守るために相談のできる相手、話し合える人はいますか？

日本の代表文化を支える

中西　ここ「御花」では、人間国宝クラスの能楽師を招いて、毎年公演をやっていらっしゃいますね。今、日本が世界に紹介する舞台芸術は、能、狂言、歌舞伎、文楽。この日本を代表するような文化は、じつは何百年も前から賤民身分、一番卑しい身分とされていた人たちが創った。日本文化を一番底で支えてきていたのが、一番虐げられてきた人たちだった。そういう歴史に、やっと光が当たってきたかなと思います。

立花 そうですね。そしてこれが日本だけではなく、世界中に正しく評価される時代になってきています。人間の歴史には、過去があり、現在、未来がある。それが延々と続いていくのですが、そこには絶対残してゆかなければならないものと、こんなものが残っていたら非常にマイナスという部分があると思うんです。

たとえば、まちづくりにしても、絶対金をかけてでも残さなければならない昔からの風景と、ここは多少変わってもいいというところがある。それをはっきりさせていかないと、どこにでもいろんなものが建って、目茶苦茶になってしまいます。そうなったら柳川というものはなくなってしまう。

観光にしたって、人権問題にしたって、そうです。最後は人間の心がどうであるか、ということだと思います。

中西 変わることもいいのですが、変わらないというのはもっと難しいような気がします。

立花 人間の心もそうですし、風景だとか、いろんなものは変えてゆくよりも、そのまま残すほうが、はるかに努力も金もかかります。昔はここにこんなものがあったのに、こんないい風景があったのに、きれいな水が流れていたのにと言っても、今なかったらなんにもならない。

それらがいまだにある、というのが非常に大事だと思います。

……久しぶりに柳川に行きました。僕の子どものころと全く変わらない風景がありました。でも、よく見ると水は以前よりきれいだし、町並みもきちんと保存されています。変わらないよさを残すのも人間、古い制度を変えるのも人間。同じ人間の力です。

（放送日　一九九九年六月二十八日〜七月二日）

地べたにあった芸能

井手川泰子さん

一九三三年生まれ。一九八五年八月から鞍手町歴史民俗資料館勤務。著書に『火を産んだ母たち』（一九八四年、葦書房）がある。

……福岡県鞍手町で歴史民俗資料館の嘱託職員をしている井手川泰子さんは、旧産炭地や被差別部落の人々から聞き書きを行い、その地に伝わる文化・芸能を紹介する活動を続けていらっしゃいます。その井手川さんに会うため、鞍手町歴史民俗資料館を訪ねました。

女坑夫と向き合って

中西　女坑夫の歴史をずっと書いていらっしゃいますね。『火を産んだ母たち』は、どういうきっかけで始められたんですか。

井手川　戦争中の母のことを知りたいということだったんです。戦後のひもじい時代に、母がどれほど苦労して一家を支えてきたかというのを、長女としてはよく見てきているんです。だけどそれは娘としての母親を見る目であって、母の女としての胸の内があっただろうと思うんですけれども、そういう話をしないままに死んでしまった。もう母がいないから、母と同年代のおばあちゃんたちに、戦争をどう思っていたのか、戦争のときに自分の子どもたちにどういうものを食べさせたのかということを聞きたいと思いました。

そのころは公民館で働いていましたが、その公民館が炭住のなかにあったんです。近所にたくさんおばあちゃんたちがいて、遊びにきたりします。女坑夫という人たちがいたということは知ってはいましたけど、それはずっと昔のことで、今まさか自分のすぐ身近にそういう人がいるとは思っていなかったんです。ところが、そのおばあさんがそうであって、それがやっぱりきっかけでした。

ただ、坑内で働いたということにびっくりして、やっと炭坑ということに目が向き始めたんですね。私は自分が住んでいる筑豊のことを、今までなにも知ろうともしなかったし、石炭で落ち込んだ暗い貧しいところという目でしか筑豊を見ていなかったんですよ。

知りたい、自分で確かめたいと思って、これまで百人近くのおばあさんたちに出会ってきました。ここは私が出会った百人のおばあちゃんたちが、こんなふうにして生きてきたところなんだというように、人を通して初めて筑豊が私にとってかけがえのない場所となり、私はそこにおるんやねという気持ちです。

🎙……母親の実像をたどって知った故郷の女たちの生涯、それは彼女にとってはすべてがかけがえのない故郷の風景でした。筑豊の女たちの偽らざる心の風景でした。

ある女性との出会いから

井手川　女坑夫の人たちの話を聞いて歩いた十年間というのは、部落のおばあちゃんたちのことが全く頭になかったんです。なぜかというと、私は部落差別はしない、だからそういうことを聞かなくてもいいいと。

ところが一番かかわってきたおばあさんが亡くなられた。その人はじつは部落のおばあさんだったんですね。その方が「自分の一生はボタと一緒だった」と、いつも言っていたんです。「石炭は金になる。同じごと、土の底から上がってきながらおれはボタやった。金にもならん」と。いつも捨てられるか、人に踏みつけられて、いいことはなにもなかった、自分の一生はボタやったと、頑固にそれを言い通して亡くなったんです。そのとき、じゃあ、おばあさんがボタじゃないということを、私は本に書くと言ったんです。約束したけれども、亡くなられたあとにしか果たせなかった。

中西　そうですか。

井手川　それで亡くなられてから、娘さんのところに本を持って行ったんです。そうしたら、あれほどきてくれながら、なんで本当におばあちゃんの一番言いたい話を聞いてくれんやったのかと言われた。それが部落のお話だったんです。「一番あなたに聞いてほしかったやろうけど、それを聞いてなかろうが」と言われて、その根っこのところをもう一回聞き直そうと思ったのです。

でもそのとき、私はほんとに簡単に考えたんです。同和地区は私のすぐ近くにもある。顔見知りの人もおんしゃるから、すぐ聞けると思ったんですよ。ところが、簡単な仕事じゃなかった。聞きに行けないんですよ。その地域を特別な目で見ているから。なんと言おうか、どんな話をしたらいいんだろうということにこだわってしまう。自分のなかに偏見や差別があるというのが初めて分かったんです、そのときに。そういうひどい意識のなかで部落のおばあちゃんたちとのつきあいをし

聞き書きを続ける井手川さん

だした。そうしたら、目からうろこなんですよ。エッと思って。初めて文化はここから生まれたんじゃないかと思ったのです。

……女坑夫だった人々の話に触れるうち、自分自身の心にあった差別や偏見に気づいたという井手川さん。だけど彼女の話を聞きながら、その純真で素直な心が、それまで固く閉ざされていた女坑夫たちの心を開かせたのだと、僕は思いました。

自由で力強い筑豊文化

中西　筑豊というのは、いろんなところからいろんな人が入ってきて、全部飲み込んじゃうんですね。ほかのところの人たちを受け入れない壁をつくるというのが、あまりないところです。

井手川　はい、ないです。だから、いろいろと自由な文化が生まれてきたと思うんですよ。役に立つもの、おもしろいもの、楽しいものは、みんな取ってしまうんです。で、また自分たちがもっと楽しいようにつくってゆく自由奔放さというのが、私は本当に好きなんです。それを形として見せることができない。文化ってそういうものでしょう。だけど、すごい文化なんです。すごく重い文化があるんです。地に居すわったような。

中西　本には「炭坑節」が「エタ節」だと言われていたと書かれていました。それだけ被差別部落の人たちが炭坑に下るのが多かったんだろうと。ところが、日本中で一番歌われている歌というのは「炭坑節」なんですね。

井手川　そうなんですって。

中西　これだけ歌われている、しかもエネルギッシュな歌が、じつは「エタ節」と言われていたということまでは、誰も言わない。

　文化というものはどうも中央に集中しているんですね。筑豊でそんな文化なんてものがあるわけないと。しかも被差別部落に文化なんかあるわけないじゃないかと。それが大前提になっている。それは差別意識と変わらないと思うんです。

井手川　一緒です、そういう決めつけの仕方というのは。ここにあった力強いもの、それが本当に語られていないというか、伝えられていないということに気がついた。

　聞き取りをしながら、第一に出会ったのが盆踊りなんです。あれは生きるエネルギーですよ。同和地区に残っている、伝わっている盆踊りというのは、いろんな差別をはね返して生きた、みんなの結びつきのようなもの。楽しみとかいうことじゃなくて、供養なんです。死んでいった人たちも、みんなここにきて一緒に踊っているというような優しさがあるんです。今まで長い間、いろんな差別を受け、そういう日々をはね返してきたというのは、法律とか制度とか同和教育とかそういったものじゃなくて、その地域の人たちが心を寄せ合い、励まし合い、慰め合い、一緒にはね返してゆこうねという、そういうところだったと思うんですね。

🎙……僕は炭坑町で生まれ育ったので炭坑節は子守歌でした。炭坑では、炭坑節だけではなくさまざまな歌が生まれたようです。

生き方を書き残す

中西　井手川さんは地べたにあった芸能というのをおっしゃっていますけれども、それはどういうものですか。

井手川　女坑夫の人たちは主に運搬の仕事をしたんです。いくら先山さんが山のように石炭を掘っても、それを炭車に入れないと金にならないわけです。入れて、引き上げて、巻き上げ機で上がって一貫なんぼでお金がつくから、男は先に掘って、パッと上がってしまう。女は掘った石炭を長いこと時間をかけて炭車に積み込んでゆくんです。次々に箱がくれば、どんどん積んで早く上がれるけど、次の箱がくるまで長いこと待たなければいけない。待つ間に歌が生まれた。選炭場では即興詩人や歌い手が山ほどいましたよ。

みんなよその炭坑を転々としてきています。異様に広がってゆくんです、歌っていうのは。まあ「ゴットン節」であったり、「バリバリ節」という歌であったり、「ジャンコ節」とか、

「炭坑節」も今、全国一斉に盆踊りで歌うそれじゃなくて、やっぱりちょっと違うそれぞれの節で、誰が歌ったか分からない。「題もなんていいよった?」と聞いたら、「さあね、なんていったかね」と言う。だけど、歌は現実にあるんです、すごい存在感を持って。

誰かが輪になって歌っていますね。一人が歌い終わるでしょう。そうしたら、聞いている人が「それでも歌かい」と言うんですよ。そうしたら、「泣くよりゃましだよ」と。その合いの手を初めて聞いたときに、本当に泣きそうでしたよ、私。そうよね、泣くよりはましよね。それが筑豊の生きる力なのだなと思いました。

いろんなことを全部歌にして、歌い飛ばして。泣くよりはましなんですよ。そのために歌があったんです、炭坑の歌というのが。それが紛れもない筑豊の文化なんですね、ここから生み出された。

生きる力をもらう

中西　今後どういう活動をなさってゆきたいですか。

井手川　聞き取りを精いっぱい続けてゆこうと思います。そういう話ができる人が、どんどん亡くなられてゆきます。残された時間に、一人でも多くの人たちの思いをちゃんと聞いてゆきたい。これを伝えてゆかなければいけないという、大事なものを私に託された人たちに対して、それをないがしろにしては申し訳ないという気持ちがあります。筑豊を本当に好きになってほしい。筑豊のことを自分で確かめないで、偏見を持った目で見てしまう。それははっきりいって部落差別と一緒だと私は思います。

かつての炭坑の地域社会には、本当にいろんな人たちがいました。だけど、みんなありのままに受け入れていった社会です。本来、人間が持った生きる力を、十分に生かしきって生きてきた人たち、私が出会ったおばあちゃんたちは、みんなそうでした。

そしてそのなかで歌を歌い、励ましてきたんです。おばあちゃんたちが歌い出した歌だから、なにも知らない私たちまでが引きずり込まれてしまう。そういう生きる力を持っているのでしょう。炭住もそうです。また部落のおばあちゃんたちからも、同じような力をもらったような気がするんです。だから、涙ながらに生い立ちを語らなければ部落じゃない、という見方は改めてほしいと本当に思います。

……井手川さんは女坑夫の聞き書きを一冊の本にまとめていらっしゃいます。本のタイトルは『火を産んだ母たち』。さまざまな差別と偏見、そして過酷な労働にもめげることなく、ひたむきに時代を生き抜いた筑豊の母たちの体験記です。

（放送日　一九九八年七月六日〜十日）

日本と朝鮮半島をつなぐために

裵来善さん

一九二一年生まれ。一九四三年四月、佐賀県西松浦郡山代町浦ノ崎川南造船所浦ノ崎支所へ強制連行。同年九月脱走し、故郷へ帰る。同年十月、遠賀郡香月町貝島大辻炭坑へ再び強制連行、十二月脱走。一九四五年、解放後、在日朝鮮総聯合会結成に参加。一九八二年から、在日韓国・朝鮮人の外国人としての権利擁護問題、民族的差別と人権問題に取り組む。一九九四年から朝鮮人強制連行犠牲者遺骨を収集し、納骨式追悼碑建立を計画。一九九六年追悼碑建立実行委員会を結成。

……第二次世界大戦中、朝鮮半島から日本に強制連行され、筑豊の炭鉱などで過酷な労働を強いられた人たちがいます。飯塚市在住の裵《ペ》来善《レソン》さんもその一人です。

強制連行で生き別れ

中西　日本にこられたのは、いつごろですか。

裵　一九四三年。

中西　戦争まっただなか？

裵　そうです。

中西　自分で行きたいと言ってきたわけですか。

裵　いえ、そうじゃなく、村の役場の職員がきて、「お前、行ってくれ。行ってくれ」と。それで日本にきて半年ぐらい働いたんだけど、国から父親が危篤状態なので帰ってこい、帰ってこい、お前は長男だから、と言ってきた。それを本部に言って一時帰国を願い出たけれど、どうしても受け入れてくれなかった。そこで逃走した。

中西　脱走？

裵　国に帰ってみたら父親は亡くなっていた。だから私が頭になってこの裵家を建て直してゆこうとしたんです。ところが、十一日目に日本にくるようになったんです。強制、脅迫ですね。

中西　具体的にはどういうことですか。

裵　警察を連れてきた。お前が行かんやったら、年とった母親、幼い弟たちに仕打ちがくるし、米の配給も禁止するかもしれないということで脅迫してきたわけです。とにかく私は、行かなきゃ、行かないと母親と弟たちに仕打ちがあったら大変なことになる、と決心して行くようにしたんです。

中西　強制的に連れてこられたと言っても、そういうふうにせざるを得ない状況にしてしまうのですね。手を縛り、銃剣突きつけられて、逮捕されるように、という状況ではないのですね。

裵　そういうことじゃないのです。

中西　なにか署名させられるわけですか。

裵　ええ、そして監視がつく。

追悼碑建立の必要性を説き，募金をお願いするさん

中西　強制連行なんかなかったと言う人の言い分は、署名したじゃないか、だから自分で行こうとしたんだというようなことを言うわけですね。

裵　当時は植民地政策そのものによる完全な強制なんですよ。

中西　つまり、朝鮮半島自体が縛られていたんですね。

裵　ええ、そうです。

炭坑での仕事

中西　坑内ではどういう仕事をしていたのですか。
裵　採炭で石炭を掘ったらトロ箱があるので、トロ箱に積む仕事。監視人がおるわけです。交代でずっと昼も夜もおるわけです。
中西　監視つきで一日中働かされるのですか。
裵　そうですね。
中西　そういう仕事は一九四三年に連れてこられて、いつごろまで続いたのですか。
裵　十月にそこへきて、十二月二十何日に脱走した。
中西　その後、ずっと逃亡生活ですか。福岡のそこここ、筑豊のあっちこっちを逃げて回るんですか。
裵　いや、筑豊にはおってないです。佐賀県です。
中西　それが戦中ずっと続くわけですね、終戦まで。終戦を韓国・朝鮮では「解放の日」と言いますね。その後はどうなさっていたのですか。
裵　解放されて、私も国へ帰ろうとして福岡に出た。全国から朝鮮人が集まってきて、早く帰ろう、早く帰ろうと、船がくるのを待っておったけれども、なかなか船がない。まああるにしても、何十万人という人が博多港に集まっとるのに、なかなか乗れない。だから金を少し持っておっても使ってしまう。金がない。なにか仕事をしなきゃいかん。

中西　強制連行で連れられてきて、それ以後、お母さんにもお会いになってないわけですね。

裵　そうです。母親に電話は何回もしたりしたんですけど。長生きしたら、いつか親子再会できると。とにかく長生きしてくれと、いつも言ってた。言うたんだけど、今から二十四、五年前に八十何歳で亡くなった。

中西　長生きなさったんですね。

裵　そうです。

放置された朝鮮人無縁骨

🎙……終戦後、大陸から帰ってきた日本人については誰もが知っています。だが、長生きしていればいつかは会えるからと、祖国に帰れぬまま、母を思いやった人々のことはあまり知られてはいません。戦後五十三年、玄界灘に心の橋は架かったのでしょうか。

中西　今、裵さんは強制連行で連れてこられた人たちの無縁仏を追悼する碑を建てようとなさっていらっしゃるんですね。

裵　私たちと一緒にきた人たちは、死んだか、生きたか。死んでいたら、その遺骨が国に帰ったやろうか。もしくはこの筑豊のある寺に、埃をかぶってまだ眠っているのだろうか。そういうのをずっと考えておった。私は幸いそこで逃げて、貧乏生活だけど、その人たちに比べれば幸せだ。もし私が当時、なにかの事故に巻き込まれていたら、あの人たちのようになっているかもしれない。だから在日の一世として、当然私がするべき仕事じゃないか、最後の仕事として。いろんな寺を回ったら、遺骨があっちもこっちもたくさん出ておった。

中西　調べられただけで、どれくらいありますか。

裵　今、一五〇体近く。慰霊碑はあるんだけれども、そのなかはひどい状態です。昔、石炭袋がありましたね、それに入れてそのまま放置してあるわけです。骨壺に入れずに、そのまま置いとる。そういうところもあるんですよ。

　戦争が終わって五十三年になろうとするのに、戦後処理がまだなっていない。いろんなところにたくさんそういうものがある。これをきれいに片づけなきゃいかんじゃないか。あちこちの寺で埃をかぶっておるのを全部収集して、納骨堂をつくって、そこにきれいに収めてこの霊を供養してやる。日朝友好、日韓友好の形として、これを供養してやろうという目的なんですよ。

過去の受難を風化させない。二度とこういうことがないようにするためにも、ちゃんと形をこの筑豊につくってゆこうと。そういうことです。

……最近、日本映画の上映、日本語によるコンサートなど日韓交流はずいぶん変化しています。しかし裵さんにとっては仲間たちの供養塔を建立しない限り、戦争は終わらないのでしょう。そして僕たちにとって、その供養塔は二度と過ちを繰り返さないための碑ともなるでしょう。

歴史を正確に伝える

中西　韓国に何年か前に行ってみたら、みんな日本と朝鮮の歴史を勉強しているわけです。日本が朝鮮半島を植民地にしたことを知っているんですね、でも。僕たちは学校のなかでもそういう教育は受けていません。今の高校生、中学生で、植民地にしたということさえ知らない子が多い。

裵　本当の歴史を知っている人たちが一つひとつ正確に教えていかなきゃいかんと思います。歴史というものは真っ直ぐならなきゃいかんと思うのです。その歴史がゆがんでいるので、日本の国民と韓国・朝鮮の民族の歴史認識が共通しなきゃいかん。

中西　同じテーブルにまだついてないということですね。

裵　そうですね。だから日本の歴史が、自分のいいことばかり歴史に組み込んでいるわけですよ。

中西　カッコいいことは言いたいんですよ。自分の国のカッコいいこと。個人でもそうですけど、カッコいいことはみんな言いたい。でもカッコいいところも、悪いところもあるわけです、人間がやっているのですからね。それを同じテーブルに乗っけてみようじゃないかということですよね、やってらっしゃるのは。

裵　一九九二年、宮澤政権時代、宮澤さんが韓国に行って「すまなかった」とは言うとるんですよ。それと一九九五年、村山政権時代に「申しわけなかった」と、まあ謝罪はした。

でも謝罪というものは口先だけの謝りじゃいけないと思うのです。本当に自分が悪い、こういうことで私は本当に悪かったと、腹の底からわいてきた謝り。謝るその人の態度を見たら分かるわけですよ、この人が本当か嘘か。私たちは戦後補償をしてくれと言うていない。戦後処理をしましょうと、そういうことを言うておる。

🎙……戦後の補償を求めるわけではない、一緒に処理をしてほしい、と語る裵さんに、僕は日本人としてとても情けない気持ちになっています。百万言を費やしても、心から心に伝わらなければ、それは謝罪ではありません。

裵　在日韓国・朝鮮人が日本に六十五万人おるんですよ。朝鮮は現在分断されているんだけれども、仮に統一したとしましょう。だけど、この人たちはここで根を下ろしているんです。自分の祖国が統一されたにしても、帰る人は少ないんじゃないか。だから日本の社会で日本人と協力しあって共生してゆく。

私たちは、いろんな日本の人たちと仲よくして共生してゆく上で、皆さんに対してそういう恨みもつらみもないんですよ。それじゃ日本政府に恨みがあるか。恨みが全然ないというのは嘘かもしれません。

私も強制連行されなかったら、朝鮮でどうなったか分からない。早く死んだか、もしくは金持ちになったか、または偉い人になったか、分からないんですよ。この強制連行によって、私の人生が狂ったんじゃないかということも考えられます。だが、今になって日本政府がきちっとやるだけのことをやってくれたら、隣同士の国ではあるし、隣の民族同士だから仲よくしなきゃいかんと思うのです。そういう点から見て、日本の皆さんと手を携えて、いろんな平和運動とか人権問題というものを戦ってゆくと同時に、仲よくしてゆくのが私たちの趣旨なんです。

中西　当たり前なんですね。

裵　そうです。私は当たり前のことしか言えないんです。

🎤……二〇〇二年のサッカーワールドカップは、日本と韓国の共同開催となります。筑豊の地に建つ供養塔に、どんな国の人々が訪れるのでしょうか。大会も大事だけど、その様子を微笑みながら見守る裵さんの姿も、僕はぜひ見てみたいのです。

（放送日　一九九八年七月二十日〜二十四日）

二〇〇〇年十二月、供養塔は飯塚市庄司に建立されました。

福岡の劇団であることからの出発

篠崎省吾さん

劇団道化は一九六五年、九州で初のプロ劇団として福岡で生まれる。当時の創立メンバーは、「エッ！　福岡でプロの劇団を創る?」、「しかも、子どもの芝居をやる?」、「おまえらは、バカか道化者たい」と言われ、劇団道化と名前をつける。二〇〇〇年五月現在、劇団員三十人。福岡県内の小・中学校での学校観劇会や子ども会、子ども劇場での公演を中心に活動しており、一九九九年度の観客数は、五七八ステージ・一六万九〇〇〇人。連絡先は、太宰府市朱雀四—二—七　電話〇九二—九二二—九七三八。

……今も筑豊に残るボタ山。年月が黒いボタ山の地肌を緑で覆っています。しかし、ボタ山がどう変わろうと、朝鮮半島から強制連行された人々の血と汗と涙の歴史は忘れ去られてはいません。太宰府を拠点に活動する「劇団道化《どうけ》」は、戦前の筑豊を舞台に朝鮮半島からの強制連行をテーマにした芝居「ボタ山に咲くムクゲたち」（作・坂井ひろ子、脚本・中村欽一、演出・ふじたあさや）の公演を行っています。「劇団道化」の篠崎省吾さんにお会いしました。

地元の話を演じたい

中西　「ボタ山に咲くムクゲたち」というお芝居をつくっていくきっかけ、いきさつを聞かせてください。

篠崎　最初からテーマがダーンとあってつくったのと言われるけれども、そうではないのです。東京の劇団がいっぱいいくるけれど、それにはやっぱり負けたくないなと思った。九州の言葉だったら、福岡の言葉だったら、「やおいかん」とか「きつかー」とか、そういう言葉だったら負けないんじゃないか、みたいなのがあるでしょう。そんな形で、なんか地元の話をやりたかったというのが最初です。

中西　「ボタ山に咲くムクゲたち」のなかに出てくるゴットン節は、ものすごく懐かしかった。ぼくのひとり芝居はそれから始めたんです。ゴットン節とか炭坑節とかを入れたひとり芝居を僕も最初やったんです。「火の玉のはなし」というの。

篠崎　そうなんですか。

中西　そういうのを発掘したり、実際、舞台に乗せたりというのは、福岡の劇団しかできませんよ。東京の劇団にはそれは無理でしょう。言葉の持っている力というのを感じました。

篠崎　福岡の話を芝居にしようと思うんだけども、実際ネタがないのです。どうしようかなと思っていました。そしたら地元の大野城市に坂井ひろ子さんという作家が住んでいらっしゃるということで訪ねたんです。

坂井さんというのは『盲導犬カンナ』の作者ですが、タンスのなかから、「じつはこれ、本にならなかったんです」と言って出してこられた原稿があったのです。

地元の話を演じたいという篠崎さん

「なんの話」と言ったら、「朝鮮人強制連行の話」と。正直「あたー」と思ったんですけど、実際読ませていただくと、やっぱりすごいショックだったですよね。十一歳の子が朝鮮半島から連れてこられて、私たちのいる太宰府から、一山越えた筑豊の炭坑で働かせられていたという、その事実がすごいショックだったですね。で、それを芝居にしてみようと思いました。

……芝居の実現の裏には韓国人スタ

ッフの協力があったといいます。戦争を知らない日韓の若者がそれぞれの思いを抱きながら取り組んだこの芝居を観て、文化には国境などないことを改めて感じました。

互いの違いを認める

篠崎　現地の文化に役者たちが直接触れるというのは、すごく大事なんじゃないかと思いました。たとえば現地の飯を食ってみるとか、同じような顔だけど言葉が通じないところにカルチャーショックを受けたり。ほんとにこれだけ違うんだということが認識できるというのは、おもしろいんじゃないかなと思いますね。

中西　違いを認めるというのが、国際交流になる。違いを認めないから大事《おおごと》になるわけで、それは国内でも、そういう認識ができてくれれば不幸なことにならないのじゃないかと思います。

篠崎　そうですね。友達になること、普通につきあうというのが一番だと思うんです。

たとえば強制連行されてきて飯食うシーンがあるんです。日本人は食器を置いて食べると、なんか行儀悪いみたいに思ってしまう。だから、連行されてきたときに、果たして飯をどうやって食ってたんだろうかとか、そういうことをすごく考えさせられましたね。

この芝居やってたら、友達がいっぱいできましたよ。在日の二世、三世、それから留学生。こんなことでもなかったら、きっと韓国といったら、サッカーが強い国というイメージだけで終わっているんじゃないかという感じもするんです。福岡にこんなに在日の方がいらっしゃるということも、この芝居をやったおかげで分かったような気がします。

文化から入る交流

篠崎　ひょっとしたらヨーロッパ人だとかアメリカ人を演じるよりも、韓国の人を演じるほうが難しいかもしれないですね、役者にとってみたら。

中西　「ボタ山に咲くムクゲたち」の主人公のお母さんの役をやられた緒方裕子さんは、役づくりの上でいろいろ勉強なさったりとか、ご苦労があったと思うのですが。緒方さん、いかがですか。

緒方　どうしても日本人て、具体的に泣くとか笑うとかいうのは、まず抑えるところから入ってゆくけど、そうじゃなくて、全部出しちゃうような感情の違いってありますでしょう。そこらへんがやっぱり……。

篠崎　楽器叩くときってどうだった？

緒方　まず、楽器を叩く前に体の呼吸自体が三拍子というか、曲がってゆく。

中西　三拍子って一、二、三、一、二、三……。

緒方　ワルツみたいなもんなんですが……。

篠崎　ブンチャッチャッ、ブンチャッチャッですよね、普通の三拍子は。

緒方　そうなんですが、たとえば天と地と空気みたいな三拍子が、人間の体のなかをずっと回ってゆく。そのリズムみたいなものが、まずすごく重視されて、そこで初めてすべての楽器が叩ける。

篠崎　「強制連行」ということも、それ自体があったとかなかったとか、論争があるのですけれども、役者なんてのはそういうふうな入り方はしませんね。

たとえば「パンソリ」を歌うと殴られた。「これって強制じゃないの」というふうに、すっと落ちるんですよ。そういう落ち方。図式とか社会的背景云々よりは、歌えない、踊れない、言葉が使えないとか、飯を食うときに持って食わなきゃいけない強制だとか、そういうものでつかんでゆけたみたいですよ、特に若い子は。だから文化から入るというのは、結構分かりやすいことなのかもしれないと思ったりしますよね。

世代を超え、地域を超えて

篠崎　初演は、三潴中学校（福岡県三潴町）です。そこで中学生にいろいろ聞いてみたのですけど、一人の女の子が、「私と同じぐらいの年齢の子が連れてこられてたなんて知らなかった。ショックだった」と言ってくれて、これがすごくうれしかったですね。僕らも「知らなかっ

「ボタ山に咲くムクゲたち」の１シーン

た」、「ショックだった」というところから入りましたから、そういう意味では「やっててよかった」なんて、いきなりでしたけれども、思いましたね。
中西　僕は東京・吉祥寺の前進座劇場で観たのですけど、お客さんの反応は直球を投げられたって感じだと言ってましたね。ストレートでね。こういうお芝居、今、なかなかないんですよ。
篠崎　変化球が投げれないという意味ですか（笑）。
中西　いやいや。みんなすっきりした感じで劇場を出られたと。劇場を出るとき、気持ちよく出られたって言ってましたね。
　お客さんは若い人たちも多かったのですけれども、戦争世代もずいぶんきてましたね。
篠崎　そうですね。福岡で公演をやったときも、この芝居をやりまして、今までは子どもたちがよく知ってる劇団だったのですけど、だいぶお客さんの年齢層が高くなって、よかったなというふうに思ってます。

在日の方もかなり観にきてくださいまして。ただ、そういう方々がどういうふうに観てくださるかなというのは、ある意味でビビッてたんですけど。特に筑豊とか田川とかでやったとき、炭坑夫が「日本も朝鮮もない。同じ人間たい」という場面で、会場から拍手がパーッとわいた。あれはすごくよかった、感激しました。今年は小学校でも観たいというリクエストがあって、公演させていただいたのですけど、子どもたちがほんとによく観てくれて、ありがたいなと思ってます。

……戦争体験者、在日韓国人、朝鮮人の姿が多かった東京公演。カーテンコールの拍手がしばらく鳴りやみませんでした。「道化」ではこの芝居を韓国で上演することを目標にしていますが、まだまだ壁は厚い。

実現したい韓国公演

中西　これからの劇団の目標というと。

篠崎　そうですね。やっぱり韓国でやりたいなとは思っているんですけどね。韓国人で観てくださった方がおっしゃったのが二点ありまして、ひとつは語りが多いので、これはハングルでやらないかんということですね。
中西　あの芝居は大丈夫でしょう。言葉というのはただ情報を伝えるためのものじゃなくて、言葉の一番底にある、その言葉を発したかった人間のハート、それさえ伝われば僕はどこへ行ったってやれると思うのです。
篠崎　そうですね。そうありたいですね。
　もうひとつは、その当時いい日本人はいなかったのじゃないかという感情が韓国の人たちのなかにはあって、いい日本人が出てくることが受け入れられるかどうかが、やっぱりよく分からない、ということです。
中西　僕は庶民には国境はないと思うのです。助けられたり助けたりという関係があって、筑豊でも朝鮮人坑夫が炭坑から脱走してくると、それをかくまってやったりしたという事実がたくさんあります。
篠崎　「来年度のソウル演劇祭に招待することを真剣に検討いたします」というお手紙は一応いただいたのですけどね。
中西　そうですか。この芝居は日本だけでつくったのじゃなくて、韓国の演奏家がスタッフに入ったりして、いろんな人たちがつくり上げている。だから壁はもうかなり低いんじゃないですか。

篠崎　この芝居は韓国の人たちも一緒に入ってつくってますので。彼女たちも韓国でやれやれと言ってくれているんです。だから、ぜひ実現したいと思いますね。

……韓国と日本の歴史認識には大きな隔たりがあります。しかし、玄界灘は一またぎ。日韓の新しい時代の幕開けは、もうそこまできています。

一九九三年、僕はひとり芝居「しのだづま考」で、韓国の主要都市を巡演（国際交流基金主催事業）しました。政府レベルでの日本現代演劇の韓国公演は、戦後初だということを聞かされて、僕は日韓の歴史がいまだに清算されていないことを改めて感じました。しかしそれにもまして忘れられないのは、この巡演にあたって韓国の演劇人たちが示してくれた、言葉につくせぬほどの献身的な協力でした。

（放送日一九九七年十一月十日〜十四日）

ちなみに一九九九年、「劇団道化」は釜山公演を実現させ、大好評を博しました

盲目のチェンバロ奏者

岩田耕作さん

筑波大学付属盲学校高等部音楽科卒業。日本でチェンバロを小林道雄、橋本ひろ各氏に師事したのち、ベルギーへ留学。ブリュッセル王立音楽院にて、ロベール・コーネン氏に師事し、チェンバロと室内楽の一等賞を受賞。その後フランス・ストラスブール音楽院にてチェンバロをアリーン・ジルベライヒ氏に、通奏低音とオルガンをマルタン・ジェステール氏に師事。現在、ストラスブール音楽院最終課程に在籍。和声法、対位法、ルネッサンス奏飾法、ジャズ・ピアノなどを通して、即興演奏法の研究に力を入れる。

……福岡県穂波町出身のチェンバロ奏者・岩田耕作さんとお会いしました。現在、フランスに在住し現地で音楽を学んでいる彼は、幼いころ病気で視力を失いながらも、自らの夢を手にした二十六歳の青年です。

音楽との出会い

中西　耕作さんは少しは目が見えるんですか。

岩田　いえ、全然見えません。
中西　全く見えない？　いつごろから？
岩田　六歳の十二月。幼稚園のとき、麻疹《はしか》の高熱で失明しまして。それ以前は普通に見えていました。幼稚園も普通の幼稚園に行ってました。
中西　音楽に親しまれたのは、いつごろなんですか。
岩田　七歳からギターをやっていました。小学校から盲学校に行ったのですが、学校の寄宿舎にギターを弾いている先輩がいまして、ちょうどそのころクリスマスに父が三千円ぐらいのギターを買ってくれました。たまたま穂波町にギターを教えられる先生がいるという話を聞きまして、じゃ、やってみようかということで始めました。
中西　それでまず日常的に音楽に親しまれたのですね。小学校、中学校と盲学校ですか。
岩田　そうです。小学校、中学校は福岡盲学校で、高校から東京の文京区にある筑波大学付属盲学校に行きました。
中西　そこには音楽科があるのですね。
岩田　はい。
中西　目が見えないで音楽を勉強するということは、ものすごく大変なことに思えるのですが。
岩田　まあ、そうですね。音楽は耳から聞く芸術ですので、基本的には問題ないんですけれども、実際問題として、たとえば楽譜を読むとか、アンサンブルをやる場合に一緒に始めるときの合図や、オーケストラで弾く場合に指揮者が見えないという問題はあります。そういった意味で、見える方に比べてちょっと不利な点は多いかもしれません。

アメリカのジャズなんかはほとんど即興演奏に頼ってますから、楽譜をあまり必要としません。だからレイ・チャールズやスティービー・ワンダーといった人たちは、おそらくもっと不利な点が少ないと思います。

……レイ・チャールズ、スティービー・ワンダー。彼らは全盲のハンディを乗り越え、ジャズやソウルミュージック界で一時代を築いています。しかし、楽譜を中心にさまざまな楽器を奏でてゆくクラシックの世界とでは勝手が違い過ぎます。チェンバロ奏者の岩田さんはどんな道を乗り越えてきたのでしょう。

中西　チェンバロというのはピアノの前身、ご先祖様。

岩田　見かけとしてはピアノと同じで白黒の鍵盤があり、それをピアノと同じように弾きます。ピアノはその鍵盤の先にハンマーがついていて、それで弦を叩いているのに対し、チェンバロは爪のようなもので弦を弾くようになっています。

中西　原理としてはギターと同じようなものですか。

岩田　そうですね。だから聞いてるとギターやハープみたいな感じだと思います。もっと金属的な音ですが。

中西　僕も中学、高校のときにちょっと音楽をかじったんです。だから楽譜をどうやって読むのかなと思ったんですよ。

岩田　今は点字の楽譜というのがありますが、チェンバロは珍しいものですから、チェンバロの楽譜というのは、まだほとんどありません。東京にそういう点訳をされるボランティアのグループがあるので、そこに頼んだり、急ぎの場合は友達に読んでもらって、それを自分で書き写しています。

中西　僕らがいつも読んでいるあの五線譜の楽譜を点訳するのは、大変な作業でしょう。

岩田　そうですね。特に僕がやっているのはバロックという十七、八世紀の音楽でして、十九世紀以降のショパンやベートーベンの時代の楽譜とはちょっと違う書き方というか、点字化されてない記号などがあるので、相談して発明しながらやってます（笑）。

中西　普通の楽譜ですと見ながら弾けますが、これは暗譜するしかないんですね。

岩田　そうです。

中西　あの難しい楽譜を暗譜するんですか。でも、そうしないと弾けない。

2000年４月，福岡あいれふホールでのコンサートで演奏中の岩田さん

岩田　覚えるときには片手で読みながら、ちょっと弾いてみるということもやってますけれども。

バロック時代の音楽をやっていてひとつ有利なのは、即興演奏が非常に多くなされていることです。たとえば伴奏なんかでも左手の一番低音の部分が書かれてあるだけで、右手の和音の部分は即興的にチェンバリストがつけていいということだったので、それは利点だと思います。

🎙……点訳楽譜を暗記しなければ演奏ができない苦労は、僕たちにははかり知れません。しかし、夢に向かって生きる人にとって障害は乗り越えて当たり前なのかもしれません。彼の話を聞いて、つくづくそう思いました。

フランスにおける障害者への対応

中西　ストラスブール音楽院最終課程に在籍されていますが、目の見えない人が日本で音楽を勉強する環境と、フランスでの環境になにか大きな違いはありますか。

岩田　音楽に限らず、社会における障害者への対応の違いがあります。基本的にフランスは昔から自由主義ではあるのですが、社会保障を大事にしてきた国です。ですから、コンセロバトワールとかエコール・デ・ミュージックといった音楽学校のほとんどすべてが国立や市立ですが、基本的に障害者はそういう学校のどこにでも入ることができます。つまり、見える方と同じ学業ができる。

中西　それは当たり前のことなんですね。

岩田　日本でも音大によっては受け入れてくれるところが少しずつ増えてきたみたいですが、もっと理解が深まらないと大変ですね。向こうはそもそも音楽の勉強をするという環境がすべての人において保障されています。たとえば、留学はお金がかかって大変でしょうと言われますけれども、僕の行っているコンセロバトワールでも、学費が年間で三万円程度で、子どもでも誰でも勉強したい人はそこで勉強することが保障されています。その点が障害者の問題以前に違うと思います。

中西　社会の一番基底の部分ですね。

岩田　そうですね。それにフランスで生まれた音楽を国家財産とみなして、政府がそれを守るのは当然だという意識があります。ですからオペラやコンサートの催し物にも国の補助が出ます。日本でオペラというと何万円もするのですが、向こうだとたとえばストラスブールのオペラハウスの場合は三〇フランですから、日本円に換算して千円ぐらいで学生は観られます。ちょっとお茶を飲みに行く感覚でコンサートに行けるという感じですね。

……極論ですが、障害を持つ人が日本の伝統芸術を学ぼうとするとき、この国はなにを保障するでしょう。ましてや、それが外国人だったら受け入れることができるでしょうか。岩田さんは今、フランス人と同じキャンパスで伝統音楽を学び続けています。

お寺の本堂でコンサート

中西　今流れているのは、スカルウッティの作曲でスペイン風ですね。

岩田　ええ、バッハと同じ時代のイタリア生まれの作曲家なんですが、五十代になってスペインに移住して、そこで書かれた曲なんです。フラメンコのリズムや音階を取り入れてチェンバロの曲を書いた作曲家です。

中西　素敵だなと思ったのは、耕作さんが故郷に帰ってこられると、地元の人がお寺の本堂でコンサートを開いてくれるということですね。

岩田　穂波町というと田舎ですから、なかなかそういうコンサートもありませんでしょう。

中西　「チェンバロってなんな?」って。

岩田　そうですね。普段はそういうコンサートには行ったことがないような方たちがきてくださいまして、一曲でもよかったなと思っていただければ嬉しいです。難しくて分からなかった、退屈だった、ほかのことを考えていたというのは、一番悲しい。お芝居でもそうですが、お客さんと一緒にやる演奏会ができたらと思っています。

今回はチェンバロじゃなくて、ピアノフォルテといいまして……。

中西　チェンバロは日本にそんなにないんですよね。

岩田　そうなんです。福岡にはなかなかいい楽器がないということがありまして。たまたま北九州に松尾淳さんという楽器製作家がいらっしゃって、その方がご好意で自分の楽器を貸してもいいとおっしゃってくださった。では一度やってみようかということになったわけです。

中西　毎年やられる予定ですか。

岩田　これで四度目なんですが、前回やったのが一九九五年の十一月、二年半前です。その前は一年おきぐらいにやってたのですが。これを機に一年おきぐらいにこういった機会が持てればと思っています。

……彼の帰郷に際して、地元では毎回コンサートを開き歓迎する人たちがいます。わずかな人々から始まった支援の輪が、故郷に新たな文化を創っています。

お客さまと一緒の演奏会を

中西　今流れている曲が、ランベールの「甘い春の魅力」ですね。

岩田　失恋した男の人が歌っていて、どうして私だけはこんなに痛みがあって楽しめないのだ、というような嘆きの歌です。

中西　誰でも経験あることですね。

岩田　世界共通。

中西　これからの活動は、どういうふうにやってゆきたいですか。夢でもいいんですが。

岩田　どういう状況でも、四、五人のグループで田舎を回っていくようなコンサートが続けられたらいいな、というのが今の希望です。以前は音楽会を開く場は、教会であったり、お城であったり、貴族のサロンであったわけですが、今はそういう芸術を楽しむ場所がありません。

　しかもチェンバロは小さな音の楽器なので、三百人、四百人ぐらいのホールが限界なんですが、なかなかそういう場所がありませんし、皆さんが普段出入りしているような場所がいいということで、なるべくそういうところを選んでやるようにしています。

中西　何百人も入るようなコンサートホールではなくて、目の前で聞くわけでしょう。ぜいたくなことですね。

岩田　大きいホールだと音の問題もあるのですが、どうしても演奏家がひとつ離れた高いところでやるという感じになります。そうではなく、なるべくお客さまと同じ高さで、一緒に音楽に触れ合いながらできるような場所を選んでやっています。お客さまの方から質問があったら聞けるような。

中西　それで五、六人でチームを組んで、世界中ツアーしていけば。

岩田　そうですね、できれば。

中西　大丈夫、大丈夫。

……彼の音楽活動、その経験は同じ障害を持つ人々にとって大きな力となるでしょう。でも、一日も早く、視覚障害者を取り巻く環境が大きく改善されることを心から願います。それが文化というものをもっと豊かなものにするのだと思うのです。

（放送日　一九九八年六月十五日～十九日）

マラソンへの挑戦

漢小百合さん

一九六五年生まれ。先天性緑内障のため十三歳のとき失明。福岡県立北九州盲学校在学中より陸上競技を始め、一九八四年、第一回大分盲人マラソン優勝、一九八五年、極東太平洋身体障害者スポーツ大会に日本代表として参加。六〇メートル、走り高跳びで銀メダル。一九九一年、福岡けやきレディースロードレースに盲導犬カンナとともに初出場。以後、カナダバンクーバーマラソン（ハーフ）、沖縄マラソン（フル）、門司港スイムアンドラン（スイム一キロ、ラン一〇キロ）等に出場、すべて完走。

……盲目のランナー、漢小百合さん。さまざまな偏見を乗り越えて、彼女はマラソンに挑戦し続けています。全盲のマラソンランナーの先駆けとなった漢さんのマラソンとの出会い、苦労、こだわりとは？

きっかけは「一回だけ」

中西　全く見えないのですか。

漢　そうですね。光が少し分かるくらいで、あとは見えません。

中西　マラソンをやっていらっしゃいますけれども、なぜやろうと思ったの？

漢　最初走り始めたきっかけというのは、盲導犬と福岡のけやきレディース・ロードレースに出てみないかと言われて、五キロぐらいだったら多分走れると思うから、盲導犬と一緒に一回だけ頑張ってみようかなと思いまして。

中西　それはどこから誘われたの？

漢　盲導犬協会から。今は盲導犬を持たれている若い方がたくさんいらっしゃいますけれども、あのころは九州にはあまりいらっしゃらなくて、盲導犬と走ってみないかと声をかけられたので、じゃ、一回だけなら走ってもいいかなって軽い気持ちでした。

中西　そしたらおもしろかった？

漢　いや、つらかったです（笑）。

中西　五キロだったでしょう。それから突然、四二・一九五キロじゃないですよね。

漢　そうですね。その後やっぱりずっと五キロとか一〇キロで、ハーフに出たのは四年ぐらい前、カナダで走ったんですけど、あとはフルマラソン。

中西　完走したときって、どんな気持ちでした？

漢　すっごく大変でしたね。とにかく未知の世界なんで、三〇キロ過ぎてからというのは、今までに感じたことのないきつさだったんで、絶対走れないと思ったし。五時間三十分ちょっと切るくらいで走って。走ってよかったなと思ったのは、ゴールした瞬間だけでした（笑）。

中西　でも、そのために走ってるんだよね。

漢　練習って大嫌いで、レースで走っているときもつらかったり、きつかったりするんですけど、走ってて一番よかったなと思うのはゴールした瞬間。その瞬間というのが、やっぱりすごく嬉しいし、だから走ってると思います。

中西　あなたのことを知ったのは、あなたが走っている写真を見たことがきっかけです。あなたの横で走っている男に目が止まった（笑）。誰かと思ったんですが、よく見てみたら溝上澄生君があなたの伴走をしてるんですよ。溝上君と僕とは高校の同級生なんです。あの男がなぜ一緒に走ってるのかって、その日のうちに電話をして、「なんでお前、走りよると」と言ったの。

今日はその溝上君もご一緒です。溝上君、あなたが一緒に走るようになったのは……。

溝上　僕は盲学校の教員をやってるから、毎朝、子どもと一緒に走ってるんですよ。朝八時ぐらいから三十分ほど。もう十一年になるかな。

中西　へえー、そんなにやってたの。

溝上　この人がとりあえず走りたいと言うから、初めて学校にきたときに、そんなに簡単じゃないよってことを、いろいろ話したのね。街なんか歩いてると、結構変な目で見られるわけ、障害者っていうのは。

走るとなるとそれがもっと表に出るから、いやな目にだっていっぱいあうし。当時は盲人マラソンというのはあったんだけど、視覚障害者が一般のレースに出るということは、ほとんどなかったわけで、よく断られていたんです。

「すみません、障害者なんですが」、「あっ、結構です」とか、「出場したいんです」、「のちほどお電話いたします」とかね。調査もなにもしないで断ったりすることがあったので、すごくいやな目にあうよって彼女には言ったんです。そしたら、「私はそれでいいし、自分が走ることで、あとにいろんな人がたくさん走り始めたら、とても嬉しい。いやな目にあっても、それはそれでいいからやりたい」と言うから、じゃあやろうかと。

漢 走ることにしてもなんにしても、みんなとちょっと方法が違うだけで、同じようなことができるということを、やっぱり理解してほしいなと思いましたね。一人で走れないから伴走の方と走ったり、私は盲導犬と走ったりしてます。ただ方法がちょっと違うだけ、ということを理解してほしいと思います。

……「健全なる肉体に健全な精神は宿る」とは哲学者セネカの言葉だといわれています。しかし原典は「健全なる肉体に健全なる精神の宿れかし」です。つまり願望です。真実ではあり

盲導犬カンナと漢さん。左は溝上さん

ません。

社会のなかの障害

中西　「障害」というのは、どっちかというと、社会のほうに障害がある。自分のなかに障害があるんじゃなくて、社会のなかに障害があるから、障害者の可能性が狭められているね。

溝上　だから壊していかなきゃしようがない。

漢　まわりの人って、一人の人間というよりも、障害者としてしか見てくれないということがあって、すごく歯がゆい。

溝上　この人って、最初はこんな感じじゃなかったよ。走り始めてから変わった。

漢　すごく強くなった。走り始めたころというのは、せっかくしてくれてるんだから、もういいやという感じがいっぱいあったんですよ。自分が本当はいやなことでも、せっかくしてくれてるから、もういいやって。
溝上先生から、「自分で自分の言いたいことを、きちんと言えるようにならないと、自分じゃなくなるぞ」と言われまして。そのころ、つらいことってたくさんあって、「いやだ」と言うようになったんです。
きちんと自分で言えるようになったのは、走り始めて溝上先生に会ってからです。
溝上　「きちんと自分で言え、俺が知るか」って。
漢　だから最初は、いつも泣いてた。
溝上　とんでもない話がいっぱいあるわけです。それを「俺に言うてどうするの。自分で言え」って。
漢　私は溝上先生にしか言えなかった。
中西　溝上先生と会ったのは高校を卒業してからだね。
漢　盲学校を卒業してから。
中西　それまでは学校のなかではどうでした？　どんな感じだったの。
漢　学校のなかでは結構、言えるんですよ。いやなことをいやと言える。けれど外に出たら言えなかったことというのは、たくさんあります。「してもらっているんだから」という意識が働いて。だから走ってから、溝上先生に会って、練習もすごくつらかったし、つらいこともいっぱいあったけど、でも今はよかったと思います。

中西 ほんとに可能性って、一つひとつ広げてゆけば、なんでもやれるんだよね。

溝上 ちょっとした補助でね。

漢 スイム・アンド・ランという大会があって、そのときも「出たい」と言ったら、危ないからだめですとか、きちんと一キロ泳げるのですかとか、一般の人に聞かないようなことを聞いてくるんですよ。向こうで勝手な判断をして、絶対だめだと言う。

「健康な人って書いてあるでしょ」と、よく言われるんです。「私は人一倍元気なんですけど、健康なんですけど」って。

溝上 全部電話ですませるのね。もう会いもせんで、見えんからだめですと。

漢 だめですと言われた。

溝上 それは多いね、ほんとに。

漢 そうですね。見えないということが、健常者と呼ばれる人たちから見たら、すごく大変と思われているみたい。たとえばこの前講演に行ったとき、階段の上り下りにしても「階段上れますか」とか。別の講演で学校に行ったら、「四階なんですけど、大丈夫ですか」と聞かれました。

五体満足の人から見ると、障害を持っている人がかわいそうで、なにもできない人じゃないと満足しないのかしら。手を貸してあげなきゃいけないと思いこんでいる人って、たくさんいるみたいですね。

溝上　僕らほとんど、言葉は悪いけど、歩いてても配慮しない。

漢　私はやっぱり溝上先生みたいな人がもっと増えるといいということを、よく講演で言うんです。なにかぶつかったら笑って、たとえば車いすに乗っている人がこけたら、「大丈夫?」という言葉じゃなく、「なんしよんね」みたいな形で笑えるような人ってたくさん増えてほしいなと思うのです。

溝上　配慮ってしなきゃいけないと思うけど、それは最低限度であって、不必要な配慮ってすごく多い。ひとつは慣れみたいなものがあるだろうと思うのだけどね。

中西　つきあい方を知らない。

溝上　そうそう、やっぱり距離が離れとるから。

差別という意識が障害を生む

中西　基本的なことをお尋ねしますが、階段があるとします。僕たちが介添えしようと思うときに、どうしたらいい?

溝上　街のなかを歩いている視覚障害者とか、障害者というのはだいたい訓練を受けてるから、ほとんどなにもしなくていいのよ。

　でも困っているときがあるじゃない。そうすると、たとえば「一緒に行きましょうか」とか、「お手伝いしましょうか」というふうに言えばいいの。おじいちゃんとかおばあちゃんたちが歩道橋を上がるときに荷物を持って困ってるなと思ったら、「持ちましょうか」と言うじゃない。あんな感覚でいいわけです。おじいちゃんが「いや、大丈夫です」と言ったら、「じゃ、気をつけてね」と。それでいい。

　ちょっと肩など触って、「どっちに行くんですか。一緒に行きましょうか」って必ず声をかける。必要なければ、「ああ、じゃ気をつけて」と言えばいいし、「お願いします」ということであれば、体の一部を触れると、相手が腕をさっと握ってくれるから、一緒に歩いて行けばいい。単純にそれだけだね。

漢　そうですね。盲学校に行くときに、私の行き先もなにも知らないのに、「こっち、こっち」と連れて行かれたりするんですよ（笑）。「手を出す前に声をかけてください」と、いつも言うのですけど（笑）。

溝上　おもしろいね、これ。障害者が街にいると常に「困った状態」にあると思っている人がたくさんいるのね。だから盲学校の生徒なんかは朝、学校にきて文句を言うわけ。

「大変だったんですよ、昨日」、「どうしたの」と言ったら、「僕が街を歩いてたんですよ。そしたらある人がきて、どこに行くのと言うから、こうこうですと言ったら、ああ、よかった、私もちょうど一緒だから行きましょうって。僕は一人で歩きたかったんですよ。女の子にふられて、いろいろ考えることがあって一人で歩きたかったのに。しようがないからつきあって帰ったんですよ」と、ブーブー言ってるのね。

滑稽なことって多いよ、見ていると。向こうは本気で一所懸命なんだけど、こっちから見ると滑稽だね。生徒とラーメンを食べてると、いきなりね、「兄ちゃん、頑張りや」って。

漢 言われる、言われる（笑）。

溝上 「おい、今、誰に言うたんか」

「いや、分かりません」

「俺か、いや、違う。お前か」

「いや、分かりません」

「なに頑張るんか」

「ラーメン食うの頑張るんでしょう」（笑）

頑張れって多いね。

漢 必ず「頑張ってください」。

溝上 おもしろいね。

漢　「あんたもね」と言いたくなります（笑）。

溝上　そうね、ほんとにそう。やっぱりどこかで弱い人間と思っていて、上から見るのね。

中西　そうそう。

……漢さんは底抜けに明るい。溝上君は乱暴な言葉でやさしさを表していました。僕はというと、手を差し伸べなければならないと思っていたのに、手を差し伸べられていたようです。

（放送日　一九九七年十一月十七日〜二十一日）

迷信・偏見からの解放を願って

狩野俊猷さん

一九三七年、福岡県に生まれる。大学卒業後、東京で十年間会社勤め。一九六九年、福岡に戻り円通院住職になる。その後、若宮町教育委員および社会教育指導員を務めるなかで、いろいろな差別の実態に出会い、自分や人を痛めずにはおれない「変な思い違いや自惚れ」から解き放たれるべきだとの訴えを始めた。著書に『「六曜」迷信と部落差別』（福岡部落史研究会）がある。

……福岡県若宮町に、自らの経験を通して人の心を縛る迷信や偏見の愚かさを説く和尚さんがいます。若宮町円通院住職の狩野俊猷《かのしゅんゆう》さんは、地元の教育委員を務めるなかで、今なお多くの人々が迷信や偏見に縛られていることを知り、自らを語り部ならぬ「伝え部」と称し、ユニークな活動を続けていらっしゃいます。

偏見に疑問を持つ

中西　以前に僕のひとり芝居と狩野さんの講演とを一緒にさせてもらったことがあります。あとでこっちが芝居をやるというのに、作務衣姿にスニーカーをはいて舞台の上を飛び回っている。困った坊さんがおるなと思ったんですけれども（笑）。狩野さんが今のような活動を始められたのは、どういうきっかけがあったのですか。

狩野　話せば長くなりますけど、短くやりますと、たとえば住所で「あそこの人は柄が悪い」とか決めつける。そんな話を聞きながら、僕はここの寺で育ったとですよ。「あそこの人は気をつけておきなさい」とか、「あそこで交通事故を起こしたら、ややこしいばい」とかいう話があるんです。

僕は今、六十一歳ですけど、三十歳ちょっと越えたころ、東京のサラリーマン生活をやめて福岡へ帰ってきたとですよ。

福岡に帰ってきて町の公民館の仕事をしながら、子どものころ「あそこは柄が悪いよ」と聞いていたところにも行ったとです。一、二週間じゃないですよ、もっと時間をかけて。そうしたら「住所で柄がいいとか悪いとかは決められん」と分かったとです。

僕が育つときに聞いた大人の話にも、間違いやおかしいつくり話もあると思い始めて、いくらか意見を言ったことが始まりです。

中西　それはいつごろですか。

狩野　今から二十七、八年ぐらい前。サラリーマンをやっていたころは、会社でしかおつきあいしませんが、若宮町に帰ってのおつきあいは、その人の家の玄関に行ったり、裏口で会《お》うたり。そうしたら、人柄は住所では決まらんなと分かったとです。

中西　それはお寺の活動ですね。

狩野　いや、町の公民館の仕事のなかです。それと同時に檀家さんとか、地域の人とおつきあいを広げていったときのことです。住所を聞いただけで、名字を聞いただけで、人を決めてしまうのは間違いですよ。

物事を多面的に見る

中西　迷信、特に六曜問題の話を聞かせてください。

狩野　大安、友引、仏滅などの六曜。大安、友引、これは説明が楽ですよ。たとえば大安に結婚しても、別れる人は別れとる。もめとる夫婦もいれば、うまくいっている夫婦もある。大安が人生を決めるんじゃないとです。今度は友引。僕は三十年近く寺の住職をしていますが、友引の日にお葬式をしてもお葬式は続きません。ほとんどの大人が、友引にお葬式をしたらお葬式が続くという間違い話に気持ちを縛られとります。

難しい話はせんでいいとです。世間をようと見よけばいい。一人ひとりが自分の気持ちに気合いを入れて、大人の話には嘘の話もあるから、ようと確かめながら生きらないかん。

僕が腕時計を道で落としたら、僕には残念な日ですが、時計を拾った人には喜びの日でしょう。

先輩は、「物事を多面的に見なさい」と教えました。自分のほうからばっかり見らんで、向こう側からも見てんしゃいと。今日という一日に、赤ちゃんが生まれて喜びござる人もおんなさるが、かわいい子どもの心臓が止まって残念と言いござる人もあるとですよ。たくさんな人が生きていて、たくさんなことが起こっている今日の二十四時間を勝手に束ねて、今日は大安ばいとか、仏滅ばいとか。こんな考えはちょっと雑過ぎます。それに中国でも日本でも「六曜は迷信」と古くから言われていますよ。

こんな根拠のないものにつかまえられた生き方はやめようと言っとるとです。人は嘘の話につかまえられると、根拠のない差別、根拠のないいじめをするんですよ。


……六曜の迷信をあっさりと否定する狩野さんに、なぜか爽快感を覚えました。ちなみに、部落解放運動の大先達であった元全国水平社の書記局長・井元麟之さん（福岡市・一九〇五〜一九八四）らの活動により、現在、福岡県では県民手帳を初めとする公の印刷物から六曜は消えています。

差別戒名の糾明

中西　仏さんになった人の名前をつけるときに、非常に差別的な名前があったというのが分かりまして、事件にもなったんですが、狩野さんは全国飛び回って、それを調べられた。

狩野　僕の宗派では「戒名」といいます。ほかの宗派では、たとえば「法名」とおっしゃるところもあります。「坊さん、ひどいな。戒名にも差別の戒名があるじゃないか」と言われて、ほんと僕はドキッとしたとです。うちの寺のことじゃありませんでしたが、これは大事なことと思って、あっちこっち行きました。許しをいただき、埼玉県の田んぼのなかのお墓へ行きましたら、仏さまにつけたらいかん字がお墓の石に彫ってありました。生まれて初めて、お寺から差別された仏さんに会いました。

中西　具体的にはどういう名前ですか。

狩野　「革」とも見える、「草」とも見える。あれは専門家は異体字とも言わっしゃるとですが、普段は使わん略した文字です。それがおばあさんのお墓の石に、はっきり彫られとりました。

中西　そこは被差別部落であると……。

狩野　そうです。そのあと僕が差別戒名をつけられた仏さまを拝む旅をしていたら、「そんなん拝まんでいい、ほたっておけ」という坊さんに出会ったりして、ああ坊さんにもひどい坊さんがまだいるなと思い……、自分のことも含めて「差別」の世界に入ったとです。

中西　僕はその話を聞いて思ったんです。思想とかなんとかを通り越して、美しいと思うかどうかですね。なにが美しいか。そのときに差別戒名であろうとなんであろうと、それに向かって、ただ手を合わせて頭を下げていた人がいれば、それは美しいなと思いました。

円通院住職の狩野さん

狩野　差別戒名であるなんて知りもせんで、一所懸命そのお墓を守っていた人たちの後ろ姿を、今、坊さんが拝む順番がきたとです。埼玉の田んぼの土のなかのおばあさんが、僕や僕たち宗教者がなにを拝むべきかという勉強の機会をくださったとです。

これが私の人権

狩野　僕と同じ時代の人間は「人権」と言われても、ちょっとピンとこないんですよ。「生命を大事にしなさい」とか、「叩きんしゃんな」、「仲間はずししんしゃんな」と言われたらよう分かります。それをまだ分かりやすくしたいと思って、話を考えつきました。

目のまわりを黒く塗ったり、鼻の上を白く塗ったりして、実物より鼻を高く見せたいと時間と経費をかける人がいます。鼻の格好がいいとか悪いとか考える人がおりますが、僕はこんな話をします。

あなたの鼻も僕の鼻も、ちょっとめくってんしゃい、鼻毛が見えようが。あたしたちがいつも吸わんならん空気、この空気のなかにゃ土埃やらスギ花粉が浮いとるが、この鼻毛はまず粗いゴミが肺に行かんごと取ります。も少し鼻の穴を奥に入ってゆくと、まわりの壁が全部ベタベタになった部屋がある。鼻の穴から吸い込んだ空気がその壁がベタベタになっとる部屋を通り過ぎるときに、肺に入ったらいかん小さなゴミが全部ベタベタにつかまえられてしまうそうです。たいした鼻です。僕はこの鼻を六十一年間使わせてもらいよりますが、この鼻の奥の五、六センチも入らんところに、六十一年間一度も取り替えんでいいりっぱなゴミ取り装置がありますと。こんな鼻をもろうたき、鼻の高さやらギャアギャア言わんで大事に使わせてもらいましょう。これが私の「人権」です。

自分でつくっとらん鼻のかたち、自分で塗っとらん肌の色、誰も自分で選んどらんふるさと。

本人のせいでないものは本人の責任ではない。肌の色が黒いとか白いとか、ガチャガチャ言んしゃんな。あそこの生まれとかこの生まれとか難癖つけんしゃんな。これが僕の「人権」です。

中西さんの鼻と僕の鼻はデザインが違って同じ機能を持っている。デザインが違うということはありがたいことですよ。こっちが僕、そちらが中西さんと見分けがつくからありがたい。顔形のデザインがおんなじでしたら、混乱続きで生きられまっせん。

大自然、ご先祖さまは、一人ひとりみんな違うようにつくってくれました。いただいた命をきちんといただいて、違いもいただく。これが私の「人権」です。

……授かった命を大事にする、それが私の「人権」と語る狩野さん。若宮町の円通院を訪ねたとき、境内の桜は満開でした。庭の草木の一つひとつの命も、春の日に輝いていました。

自分を狭める枠

中西　狩野さんの講演は僕も聞いたことがあるんですけれども、そのなかでよく話される、思い違いから解き放される、ということをお話しいただきたいんです。

狩野　血液型の話をさせてください。「O型はおおざっぱ」という話がありますが、O型でもおおざっぱでない人もいます。Aだからどうとか、ABだからどうとかという根拠のない決めつけは、自分や人の一回きりの人生のさまざまな可能性の芽をつんでしまいます。

中西 枠をはめることによって、今度は自分のほうにも枠をつくっているわけですね。それだけ世界が狭くなっていますね。

狩野 人にはめよる枠に自分がはまりよるとです。

中西 そうですね。

狩野 子《ね》、丑《うし》、寅《とら》もそうですよ。

中西 あれはなんですか。

狩野 子年、ネズミというでしょう。子、これは昔の中国でできた一番という数字です。一番が子で、十二番が亥。数字ですが、覚えるために動物を当てはめて覚えたとです。数学が理解できん幼稚園児なんかには、一組とか二組とは言わずに、一組をバラとか、二組をユリとか呼ぶでしょう。あれと同じです。一番をネズミと言っただけのこと。一番目の年に生まれた人に「あの人ネズミやけんおっちょこちょいよ」なんて難癖つけんとですよ。いつの間にか自分も生まれ年で性格が決まってしもうたような間違いの枠にはまって。

中西 狩野さんと僕のひとり芝居をジョイントしたときの講演で、「九はいやばい、九は縁起が悪いという人がおるばってん、そんな人は九州から出ていきなっせ」。爆笑でした（笑）。四国には行きなさんなと。

狩野　ちょっと説明しておきますと、数字の「四」は「死」につながるから縁起が悪いと思うとる人が多いでしょう。「四は死につながると言いなさるが、それじゃお尋ねしますが、あなたの近所じゃ四年生になったらみんな亡くなっていますか」と言うたとです。

大人はときどき、嘘の話をつくって、人を縛ったり、自分が縛られたりするとです。四や九や大安友引くらいなら笑い話ですみますが、血液型や肌の色、そしてどこに生まれたかでその人を裁こうとする思い違いは笑い話ではすまされまっせん。差別につながるこんな「無自覚」な暮らしを、僕はターゲットにしたいとです。

……社会にはびこる思い違いの枠、人を不自由にする枠、そうした枠からの解放を願い、さまざまな活動を続ける狩野俊猷さん。この山寺で僕は久しぶりに時間のゆったりと過ぎてゆくのを感じました。

（放送日　一九九八年五月二十五日～二十九日）

Ⅲ　生きていく力

モットーは〝I can〟

芳賀喜子さん

北九州市八幡東区に生まれ育つ。北九州市立美術館の美術ボランティア第一期生。北九州市の戸畑にある西日本工業倶楽部にて朗読へのある試みを開く。企業の米国派遣制度で渡米。ラジオ・テレビのナレーターとして活躍中。

……フリーのナレーターであり、北九州市を拠点に朗読活動を続けている芳賀喜子さん。芳賀さんは小さいころ患ったポリオのため足が不自由。しかし、「障害があってもなんでもできる」を信条に、精力的に朗読活動を続けています。芳賀さんを紹介してくれたのは永六輔さん。永さんは芳賀さんを評して「筋金入りの障害者」と言います。芳賀さんと久々にお会いしました。

一歳三カ月で発病

中西　脊髄性小児麻痺。いわゆるポリオワクチンを飲むんですか、打つんですか。

芳賀　飲むんです、生ワクチンで。私のときにワクチンがあったら、この病気にはかかっていなかった。

中西　発病は一歳ですか。

芳賀　生後一年三カ月です。ポリオというのは、運動神経がやられる病気なんですよ。運動神経だけをやっつけちゃうというウイルスだったのです。細菌よりもっと小さいものですね。それが体のなかに入って、私の場合は右足が完全に麻痺してしまって、それ以来、動かない。

中西　そうなんですか。芳賀さんとこうやって話すのは今日がほとんど初めてで、永六輔さんから紹介されたのですが、あなたのことを形容するのに「筋金入りの障害者」だって。

芳賀　あのお兄さまというか、あの方はそのときそのときでいろいろと好きなお言葉を発せられておりますので。中西さんとお目にかかったときに、それがきっと浮かばれたんでしょうね。筋金入りでもなんでもないんですけどね（笑）。だから「松葉杖のおねえさん」とか、「松葉杖をつき続けて何十年」とか、そのときどきで好きなことをおっしゃってくださるんです、やさしいから（笑）。やっぱり永さんは本質がやさしいと思いません？

中西　自分はそう思っているかどうか知らないけど、人を育ててるね。すごく偉いと思うんですね。これはできない、あれはできないというのを、あの人は言わないんです。これができる、あれができると言って、なんとなくその世界に入り込ませるのね。

芳賀　だからやっぱりね、「できない」と「できる」じゃ全然違うんですよ。この人はできないと見るのと、できないことはなにもないという発想とでは、ものすごく違うと思います。

🎙……「できる」と「できない」は大きく違います。なんでもできるという考え方によって、多くの人生がどれだけ変わるでしょうか。芳賀さんはなんでもできるをモットーに、自分の人生を切り拓いてきました。

「なんでもできる」との出会い

中西　「お話」の世界に入ったのは、いつごろからなんですか。

芳賀　私、恥ずかしながら初舞台を踏んだのは二年生のときなんです。

中西　小学校の？

芳賀　ええ。初舞台って、すごく大げさでしょう。これはね、すごく大切な出会いがあってね。大切というか、私にとっては人生のなかで非常に重要な出会いがあったんですよ。

そのときの受け持ちの村瀬ミドリとおっしゃる女の先生が、「喜子ちゃんは足が悪いんだけれども、だからできないってことはなにもない。なんでもできるの」と教育してくださったんです。で、小学校二年のときに、「子ども童話コンクールに出ましょう。喜子ちゃんは本を読むのが好きだし、そういうお話をするのが向いてるみたいよ」って。

覚えるまで、ずっとお稽古してくださって。そして今度は予行練習をしましょうって、小学校二年生なんですけど、先生がおぶって各教室を出前して回るんですよ。

中西　出前ですか（笑）。

芳賀　「今度、小学校二年生の芳賀喜子ちゃんが童話コンクールに出ます。だからその前にちょっと予行練習で、お兄さんたち、お姉さんたちに聞いてほしいんです」とか言って、先生がおぶって各教室を回るんです。それでお稽古するんです。

なんでもできるがモットーの芳賀さん

そして、いよいよ本番の童話コンクールに出していただいたんです。

私、歩けなくて、そのころは今よりもっとおぼつかない足取りだったから、先生が壇上まで連れて行ってくださって、壇の上にぽんと私を置いて帰られるわけですね。一人壇上に残されて。

私はそのときにいい勉強させていただいたという感じがするんですね。いろんな視線がくるわけですよ。どうしちゃったんだろう、あの足はどうしたのかな、あそこまで先生が連れて行ったけど、歩けないのかなとか、それぞれの思いのこもった視線がきますよね。子どもも心にもどんな視線がきてるかって、なんとなく分かるのです。でも「鉄は熱いうちに打て」じゃないけれども、そういういろんな視線を小学校二年生のときから経験させていただいて、とても自分が強くなれた。これがひとつのきっかけだったような気がして、とてもいい経験をさせていただいたと、今でもほんとに感謝しているんです。

……「なんでもできる」を芳賀さんに教えてくれた村瀬先生。学校のなかに、いったい何人の村瀬先生がいるでしょうか。なんでもできると教えられなかったことで、どれだけの人が障害との戦いに苦戦を強いられているでしょうか。

自分の体を楽器に

中西　芳賀さんが言葉の世界に入っていった、その魅力というのはどういうところにあったのですか。

芳賀　そうですね。小学校のときの子ども童話コンクールというのは、お話をする楽しさだったと思うんですよ。いろいろ振りをつけたり、歌を歌ったり。要するにお話をする、その楽しみだった。お話を皆さんの前でするというのは、結構楽しいもんだなぐらいの、そういう受け止め方だったと思うのです。

そうこうしているうちに、体が楽器になるという感じがしたんです。声ってみんな持ってるでしょう。皆さん持っているし、どういう形であれ、みんな読めるわけです。で、自分であって自分でない体を、楽器にすることさえできる。私は、皆さんがピアノやバイオリンのレッスンをなさるような感じで朗読を受け止めたんです。声楽をなさる方と同じような発想で、この声をどこまでこの作品に合わせる声にできるかなと。その楽しさがまず朗読だったのです。

自分の体を楽器にして、どこまで音を調整して、その作品に合うような楽器にしてゆくかという、ひとつのテーマ。ピアノみたいに大きな楽器はいらない。この体をどこまでそれに近づけることができるか、というのが挑戦であり、発見であったのです。

それと本を読んでゆくうちに、声に出して読むという視点から物語を見ると、ちょっとまた見方が変わってきたんですよね。同時に、たとえばその物語に出てくる主人公や、そのほかのいろんな人たちに自分がなり変われるわけでしょう。ということは、その人の歩いた足跡みたいなものを追体験できるわけです。読んでるのは私なんだけれども、一方で、そのなかの主人公の誰それになる。この作品でこういうことを経験した誰それになる。そういう楽しさに引っ張り込まれてしまって、その魅力に取り込まれちゃった。

中西　ほとんど役者と同じですね。

芳賀　ああ、そうですか。役者さんみたいな動きはできないんだけれども、声でどこまでできるかなと思ってしまったのが、間違いのもとだったかな（笑）。

仲間としての障害者

中西　たとえば街のなかで生活してゆくのに、ここはこうしたらいいとかありませんか。

芳賀　そうですね。だんだんやさしくなってきていると思う。もちろん完全ではないけれども、言葉だけのやさしさじゃなく、皆さんの意識が少しずつ変わってきている。もちろん正確に細かくチェックしていけば、いろいろなところがありますよ。だけど、昔とは違って、特に若い人たちがやさしくなってるような気がします。なにか体でね。そういうものがだんだん浸透していってるような。あまり壁をつくらないというか、それは感じますけどね。

中西　たとえば歩道橋があるでしょう。ああいうところはどうなんですか。

芳賀　私は松葉杖をついてるので、やっぱり大変ですよ。このごろスロープになってる歩道橋があるでしょう。あんなのだったら、すごくラクチンなんだけど、階段はきつい。

松葉杖をついてる云々じゃなくて、お年を召していらっしゃる方とか、体に疾患のある方にとって、階段はやっぱりきつい壁だろうと思うんです。やさしいスロープになったりすれば、もっと住みやすい街になるだろうなというのは感じますね。だけどずいぶん変わってきている。

それと、これは私自身の経験だけで言ってるんですけど、今でもたくさんある開閉式のドアの前で、男の人と女の人とどっちが親切だと思いますか。

中西　どっちかな、女の人?

芳賀　男の人のほうが圧倒的に親切。

中西　ほんと?

芳賀　どういうことか分からないけれども、とっさに開けてくださるのは絶対に男の人なんですよ。なかには冷たい人もいるけど(笑)。あれってなんだろう?　これは私が遭遇した単純な比率でいくと、男の方のほうが言葉より先に体が動いてドアが開いてるっていう感じ。

中西　女の人だと、さしでがましいことをしているみたいな感じがあるのかな。

芳賀　よく分からないんですけど。女性の方は「まあ大変でいらっしゃいますね」というお声がけはしてくださるんだけど、ドアは開いてないんですよね(笑)。男性は言葉を言う前に、もう開いてる。女性は考え過ぎるのかもしれませんね。

少しの間、アメリカに行ったんです。そしていろんなリハビリテーション関係、福祉関係のところを回ったんだけれど、すごく感動したことがあるのです。ポスターがあって〝I can〟としか書いてない。たとえば片方の腕をなくした運転手さんだったり、ハンディを負ってしまった人たちが「できる」、〝I can〟という啓蒙のポスターだったのです。私、それを見たときに、小学校のときの先生の姿がパッと浮かんだ。ああ、これだったんだ、先取りしてたんだ、早い、という感じで思ったんです。

それで、私は運動会にも出てるんですよ。

中西　え、そうなの？

芳賀　運動会には出てないと思うでしょう、普通。全部出てます。

今から思うと、あの先生は完全にえこひいきなんです。見方、言い方によっては、完璧に私をえこひいきしていた。運動会のときも、子どもたちは行進して出てこないといけない。それなのに私は先生におぶってもらって行進した。私はおぶわれているんだけど、行進していることになんの違いはないという感じで、所定の位置まできたら、先生がそこに下ろす。そして後ろに座っていてくださる。

私はみんなと同じように踊る。でも私があまり動かなくていいように、私を基準にして踊りの輪をつくっているから、ほかの子たちは物足りなかったと思いますよ、動けなくて。私が立っているだけでできるような振りがついていて、踊り終わったら、先生がまたおぶって行進して帰る。私にとって、運動会って無縁のものではなかったのです。
おもしろいでしょう。だからあまりできないっていう感覚が、自分にはなかったですね。

中西　教室のなかに喜子さんみたいな子がいるっていうことと、いないというのでは、生徒たちの物の見方が全然違うと思いますね。

芳賀　私みたいな実験台がいたから（笑）。

中西　それはお互いにプラスだと思いますね。喜子さんが通った小学校の少なくとも何百人という子どもたちは、喜子さんが運動会に出ていたということを知ってる。

芳賀　事実だから。

中西　だから、やれるんだということは分かるじゃないですか。

芳賀　やり方によっては運動会にだって出られるんだ、という認識が育まれるでしょうね。

中西　「できる」というところから出発するということですね。

芳賀　そうです。

……障害者のことをよく「ハンディを持った人」と言います。これは間違いです。ハンディは「持たされている」のです。英語でも「ハンディキャップド」と受動型です。

（放送日　一九九七年十一月二十四日〜二十八日）

神さまの愛を手話で歌う

本田路津子さん

福岡県大牟田市出身。一九七〇年、ニッポン放送・東京12チャンネル（現・テレビ東京）主催の「ハルミラ・フォークコンテスト」で優勝。同年九月にCBSソニーから「秋でもないのに」でデビュー。一九七五年の結婚を機に芸能界を引退。アメリカで十二年間過ごし、一九八八年に帰国。米国で培われた信仰生活を通して神の愛を讃えるゴスペルシンガーとして全国の教会を中心に讃美歌コンサートを行っている。また、学校やNGOの働きのための支援コンサート等も多い。現在は讃美歌のCDなども出している。

……僕は学生時代、本田路津子《るつこ》さんの「秋でもないのに」や「一人の手」をよく聞いていました。今日、その本田さんに会えるんです。ワクワク。

魂の叫びを歌う讃美歌

中西　本田さんと僕は出身地が同じなんですね。大牟田。いつごろまでいらっしゃったのですか。

本田　小学校一年まで。

中西　大学時代にフォークコンテストで優勝し、そしてすぐ、歌手としてデビューなさった。紅白歌合戦にも二回出られた。それから、歌手をやめてアメリカに行ったんですか。

本田　アメリカに行ってからは、芸能界の生活からパッと切り離されて、のんびりやっていたんです。ピアノが弾けるお友達や、歌が歌えるお友達と日本の歌のテープをつくったり、讃美歌のテープをつくったり。そんな楽しみ方ぐらいで、普通の主婦をしていました。

手話で讃美歌を歌う本田さん

アメリカに渡ってから九年間は日本に帰ってこなかったんです。九年後に帰国したときに、讃美歌のテープをつくりませんかというお話があって、それがきっかけで、教会に頼まれて歌いに行くようになりました。それから年に一、二回帰ってきて、そういう活動をしていたんです。

中西　讃美歌というと、きれいな音楽だなあと思います。日本でもそうですが、仏教を伝えるために説経節というのがあって、僕はその説経節を取材してひとり芝居をやっています。教義に節をつける。つまり、聞いている人は難しいことを言っても分からないから、おもしろい物語をつくって話をするのです。讃美歌もそういうことで、始まったのですかね。

本田　苦しいなかでの魂の叫び、また、神さまからの恵みを歌ったんじゃないでしょうか。ゴスペルソングなど、英語で歌っていると分からない部分があるんですけど、よく読んでみると、苦しみのなかから「神さま、救ってください」という神さまの愛を求める魂の本当の叫びが歌われているようですね。こういう歌を教会のなかだけで歌っているのは、寂しいことじゃないかなと思ったのです。

　こういう歌を聞いて、心の慰めを少しでも感じていただけるチャンスが与えられているんだから、まあ行けるところまで行きましょう、という考えを持つようになりました。それで少しずつですが、活動するようになったのです。

……本田路津子さんというと、澄みきった声というイメージが強く残っています。何十年か経って会ってみたら、やっぱり澄みきった方でした。手話で讃美歌を伝えるという話は、本田さんの澄んだ歌声のように僕にはとても自然に響きました。

アメリカで手話と出会う

本田　ワシントンの郊外のバージニア州に住んだことがあります。ホワイトハウスの近くにギャルロデッド大学という聴覚障害の方たちの大学があるんですが、そこに日本人が留学でこられました。その方と知り合ったことが、手話との出会いです。手話は英語でサイン・ランゲージと言います。アルファベットを習ったり、スペリングしたりしていました。もっとも主に日本語の筆談ですけれども……。それで初めて身近に手話というものを感じることができたのです。

日本に帰ってきて一年間住んだ飯塚市で少し通わせていただいたところが、聾唖部のある教会でした。そこでは歌を歌うときにＯＨＰで歌詞を出すんです。試験されているようで、すごく緊張するのです。

でも手話をしながら歌ったら、自分も緊張しないで、相手にも楽しんでいただけるんじゃないか、と思って何曲か教えていただいたんです。それで少しレパートリーを持つことができました。今でもそんなに多くはないんですけれど。

それに、私の家のお隣が手話通訳をされる方です。そういうふうにして、なんだか環境がつくられてしまっている。もっと会話などを習えばいいんでしょうけれど、怠け者なので、まずはいくつかの歌を歌えるようにしました。
いろんなところに行くと、聴覚障害の方がこられますが、一曲でも二曲でも手話をつけながら歌うと、すごく喜んでくださるんです。それでできる限り歌おうと思ってやっています。

歌を通して出会う感動

中西　老人ホームなどでは、どういう歌が好まれますか。

本田　主義として、讃美歌も歌わせていただけるんだったら行きます、というようにしているんです。そうでないと、依頼を全部受けなくちゃならなくなるんですよ。

中西　そうね。「炭坑節」を歌ったりとか（笑）。

本田　本当にそうかもしれないですね。「浜辺の歌」や大正時代につくられた歌は、七十代、八十代のちょっと痴呆が出かかった方でも歌い出されるんです。だからそういう曲をギターで歌ったりしています。

また、障害を持っている人だけでなく、支える側の方たちの苦しみも大きいですね。だから支える方たちが感動したり、慰めを得る場合もけっこうあるんですね。そういう出会いができる歌なんだな、と思ってやってます。

中西　フォークソングも歌うんでしょう。

本田　ええ、昔の歌を。その歌も私にとっては大事な宝物ですので。そうすると皆さんが、学生時代にあんなことをした、こんなことをしたと思い出し、涙を流す。私の歌に感動してるんじゃないんですよ。そのころに戻って、感動して涙を流していらっしゃる。

……「浜辺の歌」を聞いて涙を流している方がいらっしゃるという話がありました。僕は音楽に関してはいろんなものが好きで、「河内音頭」を聞いたり、ビートルズを聞いたり、ベニー・グッドマンやチャゲアスだったり、そうはいっても古い歌ですが、目まぐるしいんです。自分が七十歳のときにどんな音楽を聞いているのか楽しみです。

できあがりより過程を見てほしい

本田　お友達の家で、画家が絵を描いているシーンに出会ったことがあるんです。できあがった絵だけを見るよりも、その画家が描いてる姿にすごく感動したんですよ。ジャズかなにかをかけながら、一所懸命に体を動かしながら描いていらっしゃる。芝居ほどではないですが、歌もＣＤなどで聴くよりも、人の顔や体の動きがある。そういうものを見てほしいんです、聴覚障害の方たちに。

　私たちは耳で聴くものを提供していますが、それだけではなくて、表現、顔、声の出し方にしても、なにか感動してもらえるところがあるのではないかなと思います。だから手話通訳で聞いてもらうよりも、つたないながらも私が手話を使いながら歌っている姿を見てほしい。

中西　私を見ろと（笑）。

本田　あんまり顔は見なくていいんですけど……（笑）。音楽や芸術というのは、できあがったものよりは、それをやっている状態が芸術ですよね。

中西　そうですね。今、できあがって、今、風化していっている。残らないです、あとに。

本田　残らないほうがいいですね。残るのはいやです。

中西　本田さんの歌によって癒される。

本田　そうなるといいな、と思いながら歌っています。

中西　そして歌っている本人も癒される。

本田　歌っているほうはそうです。歌うことが自分の心の栄養になるというか。落ち込むことがあって歌う気力がないようなときでも、思い切って歌ってみると、慰められるような、新たな気持ちになれる気がする。自分が感動しながら歌ったりして。

……心が弱っていたり、体も弱っていたりするときに支えてくれる、歌にはそういう役目もあるんだなと思いました。

歌からなにかを感じる

本田　ミッションスクールやキリスト教系の学校があります。そういうところに行くと、生徒は自分の子どもと同年代の子どもたちでしょう。聞いている音楽がまるで違うということを、こっちも知っている。だから歌いに行くのが怖い部分がありますね。でも手話で歌うと、それをきっかけに「手話を習ってみたいと思いました」という感想が出てきたりして、なにかを感じてくれる。

子どもたちにとっては、そんなにおもしろいコンサートじゃないと思いますけど、そこでなにか感じてもらえることもあるんです。

ある小学校に行ったときには、「とてもいい気持ちで、眠たくなったぐらいにいい気持ちだった」って、正直に書いてありました。子どもたちはおもしろい表現をしてくれますね、小学生などは特に。

中西　そういう時間ってないんですね、子どもたちに。

本田　そうなのでしょうか。

中西　自分のためになにか優しく歌ってくれるような……。学校でも尖った言葉が刺さってくるし、音楽の授業といっても、週に一回ぐらい、決められたものしかないわけでしょう。うちに帰れば帰ったで、コンピューターゲームはあるけれども、全部電子音です。疲れますよね。昔から教会の中だと包んでくれる、癒してくれる。そういうことでみんな教会に集まってきたんでしょうね。讃美歌というのはそんな感じなんでしょう。

本田　そうあってほしいと思います、本当に。

……本田路津子さんの歌声は、傷ついた心を癒してくれる優しいゆりかごのようです。元気印の音楽もいいのですが、たまにはゆったりと讃美歌も聴いてみたい。

（放送日　一九九九年六月十四日～十八日）

自己表現はドラマづくりで

大谷順子さん

一九三五年生まれ。奈良女子大学卒業後、RKB毎日放送勤務。一九六六年、福岡に子ども劇場が創立されて以来、子ども劇場と共に歩んできた。一九九六〜九七年、福岡県・福岡市などとの共催による「子どもの芸術・創造活動育成事業」として、「ドラマスクール&ミュージカル〝子どもの時間〟」のプロデューサーを、また一九九八年、福岡県県民文化祭において「子どもの創造表現ア・ラ・カルト〝扉をあけたら－！〟」の実行委員長を務めた。現在、特定非営利活動法人子ども劇場福岡県センター代表理事。

……ドラマづくりを通じて、子どもたちの創造性や表現力を育てようという試みが福岡で行われています。全国でも珍しいこの試みの一環として、脚本のないミュージカル「子どもの時間」が誕生しました。子どもたちはどのようにドラマの空白の言葉を埋めていったのでしょう。制作にあたった福岡県子ども劇場連絡会代表委員の大谷順子さんにお会いしました。

子どもを中心に

中西　どういうミュージカルになったんですか。台本はなかったって聞きましたけど。

大谷　そうです。初めてでしたけれども、台本のないミュージカルづくりというのを経験しましたね。
中西　どうやってつくるんですか。
大谷　子どもたちが表現したいことを、演出家が引き出してゆくわけです。
中西　台本がないということは、子どもたちが自分たちの言葉を語っているわけですか。それが科白《せりふ》になるのですか。
大谷　そうですね。クリエイティブ・ドラマティックと呼ばれているんですけれど、初めから形をつくるのではなく、子どもたちが表現したいことから出発して、それを構成する。ただ実際の舞台づくりにあたっては、やはりなにかなくちゃいけませんね。それで劇作家がキーワードを出しました。
中西　どういうキーワードですか。
大谷　たとえば捨て子になりたいとか、脱出ゴー、秘密、学校が燃える夢を見た、スクールジャック、犯罪志願……。
中西　へえ、暗いですね、かなり。
大谷　そうですね、かなり過激だと思いません？　子どもたちのなかにある、表にはなかなか出さない陰の部分というのでしょうか、そこに刺激を与えるような、挑発するような、そういうキーワードだったと思います。

中西　お芝居というと必ず台本があって、作家がいて、演出家がいて、役者がいて、ということになりますけれども。

大谷　芝居というのはどうしても今おっしゃったように、台本が先にあって、決められた科白、動きがあり、それにはめ込むというやり方をしますね。すると子どもはなにも考えないで、とにかくそれに合わせる。あるいは上手に表現する方向に向かってゆきますね。

中西　学校と一緒だ。

大谷　そうです。そうではなく、子どもが中心で、子どもがありのままに表現できる、そういう状態をつくりたいと思いました。大人が先に決めてしまうということは

子ども劇場と共に歩んできた大谷さん

なにもないところから出発したかったのです。

🎙……ドラマスクールという空間のなかで、自らの心の表現方法を知った子どもたち。大谷さんたちは、その繊細でかぼそい絹糸のような子どもたちの心を一本一本丁寧に紡いでいます。

演じさせられる日常

中西 どういうことがきっかけで始められたのですか。

大谷 発表が目的ではなく、一年半歩いてきたその結果を皆さんに見ていただこうと。だから発表の形態はうんと素朴なものでした。

じゃあなにが目的だったかと言いますと、一年半なりのプロセス、そのプロセスを通して子どもが開放され、表現できるようになること。つまり、子どもの心を育てるということが一番の目標でした。自分を表現する。そこには正解というものはなく、「あなたはそのままでオーケーなんだ」ということを、繰り返し分かってもらうのです。

中西 なるほどね。あなたはそのままでオーケーだということは、今、誰も言ってくれない。

大谷 こうでなきゃいけない、いい子でなくちゃいけないという縛りがありますでしょう。そうではなく、「あなたのそのままでオーケー」ということを認めてゆく。

中西　子どもは子どもらしく、というのを演じさせられているとでも言うのでしょうか。

大谷　大人とはこういうもの、母親とはこういうもの、子どもとはこういうもの、こうでなくてはいけないとね。

中西　みんなで演じて、もう演じ疲れちゃった。

大谷　ある子が言いました。学校で自分は演じていて、学校から帰るとあたかも舞台から降りる役者のような気がする。本当の自分が取り戻せる場がここにあるって。家庭でも演じてるって言った子がいましたよ。

中西　そうでしょうね。

大谷　「こうでなきゃいけない」という子ども像というのがあって、それにはめようとする大人。だからこの仕事は、絶えず大人が問われましたね。

……ドラマづくりを通して、ありのままに表現することの喜びを知った子どもたち。しかし、彼らの生き生きした姿に触れるうちに、自らもまた、ありのままの自分を失っていたことに気づいた大人たち。ドラマを通じて発せられる偽りのない叫びは、心を着飾りながら生きてきた大人たちへの警鐘なのかもしれません。

生きる力を生み出す

中西　子どもにとって、芸術を体験する重要性とはどういうことでしょうか。

大谷　鑑賞することも芸術体験だと思います。本物の文化に触れるということは、とても大事です。舞台芸術はなによりも生身の人間が直接子どもに働きかけますから、これ自体がとても深い芸術体験の場となります。

　こうした活動を三十年ぐらい続けてきたのですけれども、そこからごく自然に子どもたちの表現活動が生まれてきました。よく考えてみると当たり前ですね。呼吸のように吸ったら吐くということが、鑑賞と表現という関係そのものだと思ったんです。

　とにかく子どもたちは、ありとあらゆるものを吸って吸わされて。でも吐けないで窒息しそうになっている。ですから表現の場をつくると、噴き出してくるわけですよ。生きる力がわいてくるとでも言いますか。

　子どもたちは自分の命を否定し、人の命を否定する。命をなんとも思わないような時代になってきています。それに対して文化がどんな力を持つのかということを考えたとき、生きることを励まさない限り、意味がありません。つまり表現する力というのは、生きる力を生み出すことなんだと気がついてきました。文化とは人間が生きるために創られてきたと思うんです。

……遊びを失った子どもたちはお芝居（play）で、それを取り戻そうとしています。

文化は人間が生きるために創られたもの、そう力強く語る大谷さんの三十年とは、まぎれもなく生きた人間教育の実践の歩みだったに違いありません。

失われてゆく遊び

中西　不登校とかいじめ、学校のなかの問題などいっぱいあると思いますけれども、活動を通じて大谷さんは子どもを取り巻く状況を、どのように捉えていらっしゃるのでしょうか。

大谷　学校のことがやっぱり一番大きいでしょうね。子どもの時間はその大半の部分を学校教育という分野から取り仕切られていると言いますか、学校にいる時間そのものも長いですけれども、それは学校的価値観に支配されているという意味で、家庭に帰っても終わっていません。塾に行ったり、真夜中まで勉強したりしなくては、学校の場というものが暮らせないんですよ。

中西　暮らせない？

大谷　だって授業に追いつけないですもの。とにかくお勉強ができない限りだめなんだという、そのひとつの価値観で仕切られている。苦し過ぎますよね。みんな同じようにひとつの回答を求められ、多様性が認められない。これは想像を絶するストレスだと思います。子どもは好奇心の塊ですから、自分で知ってゆきたいと思うでしょう。勉強は本来、楽しいもの、知るということは楽しいことだと思うのですけれども。

中西　勉強は遊びなんですね。

大谷　その「遊び」が失われているというのが、一番大きな問題だと思います。遊びのなかで生きるエネルギーのもとが培われるし、遊びのなかで社会性とかコミュニケーション能力が育ってゆくのではないでしょうか。ところが今、子ども期が失われているといわれています。

子どもたちに表現の場を

中西　大谷さんは子ども劇場の仕事とか、子どもたちと一緒にミュージカルをつくられて、さてこれからどんな夢を描いていらっしゃるのでしょうか？　夢といってはおかしいですね。

大谷　いえ、おかしくありません。夢があります。ミュージカルの発表公演をやって、とても感動的だったという話をしましたけれども、本当はこういう体験がいっぱいなくてはいけないと思っているんですよ。わざわざ遠いところまで出かけなくてはできないというのではなくて、子どもが育っている、その地域地域で十分参加できるようなことを目指したい。

中西　またそれが全国に広がってゆくというのは考えられますね。

大谷　そうですね。福岡から発信したというだけでなくて。すでにいくつかのところでこの表現活動についての関心が高まっています。群馬県や埼玉県でも動きが起きていますし、山口県でも考えたいということです。このようにして全国に広がっていったらうれしいですね。

中西　出演した子どもたちはどうでしょう。またやりたいと言っていますでしょうね。

大谷　ほとんどの子どもが継続を希望しています。

中西　何人ぐらい出演したのですか。

大谷　福岡が百名、飯塚が五十名。この一年半の間、ほとんどの子どもがやめませんでした。やめる子がいっぱい出るかと思って、たくさんの人数でスタートしたのですけど、子どもたちはお芝居を続けたいと。親からもぜひ続けてくれと言われます。

　こういう場って求められてるんだなというのを、すごく感じているんです。けれど公的な助成やその他の支援がなかったら、自己負担でやらざるを得ない。そうなるとお金の問題でひっかかっちゃって、どうしてもそれが可能な子どもに限られていってしまいます。そこで「子ども夢ファンド」というのをつくったんです。

中西　なんですか、それは。

大谷　基金です。待っていられないから私たち市民のなかから始めましょう、誰もやらなきゃ、私たちでやりましょうと。本当にかわいらしい、小さなファンドなんですけれど、今、寄付を呼びかけているところなんです。根本的には社会的なシステムになるのがねらいですけれども、シンボルのようなものとして掲げたというところでしょうか。

……豪華な劇場をつくるのにはお金をかけるけれど、芝居をつくることにはお金をかけない日本。先進国といわれるなかでもその文化予算はあまりにも少ない。〝子どもの時間〟に参加した子どもたちが大人になったとき、せっかく培った創造力がしぼまないよう社会的支援も大切です。

（放送日　一九九八年一月五日～九日）

子どもを育て、育てられる

太田めぐみさん

一九六二年生まれ。福岡市在住。生まれたときから重度の心身障害がある長女を筆頭に、二人の息子と夫の五人家族。一九九二年、障害のある子どもたちと共に生きるネットワーク活動を行う「ニコちゃん通信」の会（連絡先＝福岡市東区みどりが丘三―七―二井本宣子さん方）を仲間と一緒につくる。学習会、座談会などの活動のほか、博多どんたくのパレードなどに参加。一九九八年度、社会福祉医療事業団の助成を受け、子育てマップ「らいふ」を作成。共著に『まち中の出会いの場』、『「障害児」の親って、けっこうイイじゃん』（いずれもぶどう社）がある。

……福岡市曰佐《おさ》に「ニコちゃん通信」の編集長をやっていらっしゃる太田めぐみさんを訪ねました。

スタートは重度障害児の母六人で

中西　「ニコちゃん通信」というのは、障害のある子どもたちの親が中心となってつくっているコミュニケーション誌ですが、どうやってできたか、経緯をまずお聞かせください。

太田　「ニコちゃん通信」をつくった最初のメンバーは六人いるんです。福岡市では、障害があると分かった子、またはその疑いがある子どもは、心身障害者福祉センターを紹介されて、相談に行きます。そこではゼロ歳児から二歳児まで、障害の状態に応じての訓練や、保育などの通園が行われています。娘の亜貴《あき》と同じ年に生まれた子どもたちのなかで、一番障害が重いクラスの仲間がその六人です。

その六人のお母さんたちはとても仲よしで、家族ぐるみでバーベキューをしたり、旅行に行ったりという集まりをしていたのです。三歳になって、あゆみ学園という通園施設に子どもたちが替わるとき、せっかくこういう仲よしグループができているんだから、もっと広いところで関係をつくっていきたいね、ということを話しました。まずは私たちの思いを知ってもらいたい、子どもたちと生きていることを知ってもらいたい。本のスタイルだったら、たくさんの人にいちいち説明しなくてもお渡しするだけですむから、そういう形でやろうということで始めました。

中西　紹介のパンフレットみたいなものだったんですか、最初は。

太田　そうです。ただ、パンフレットというほど薄いものではありませんが。今では一冊一〇〇ページあり、ミニコミ誌、コミュニケーション誌と呼んでいます。

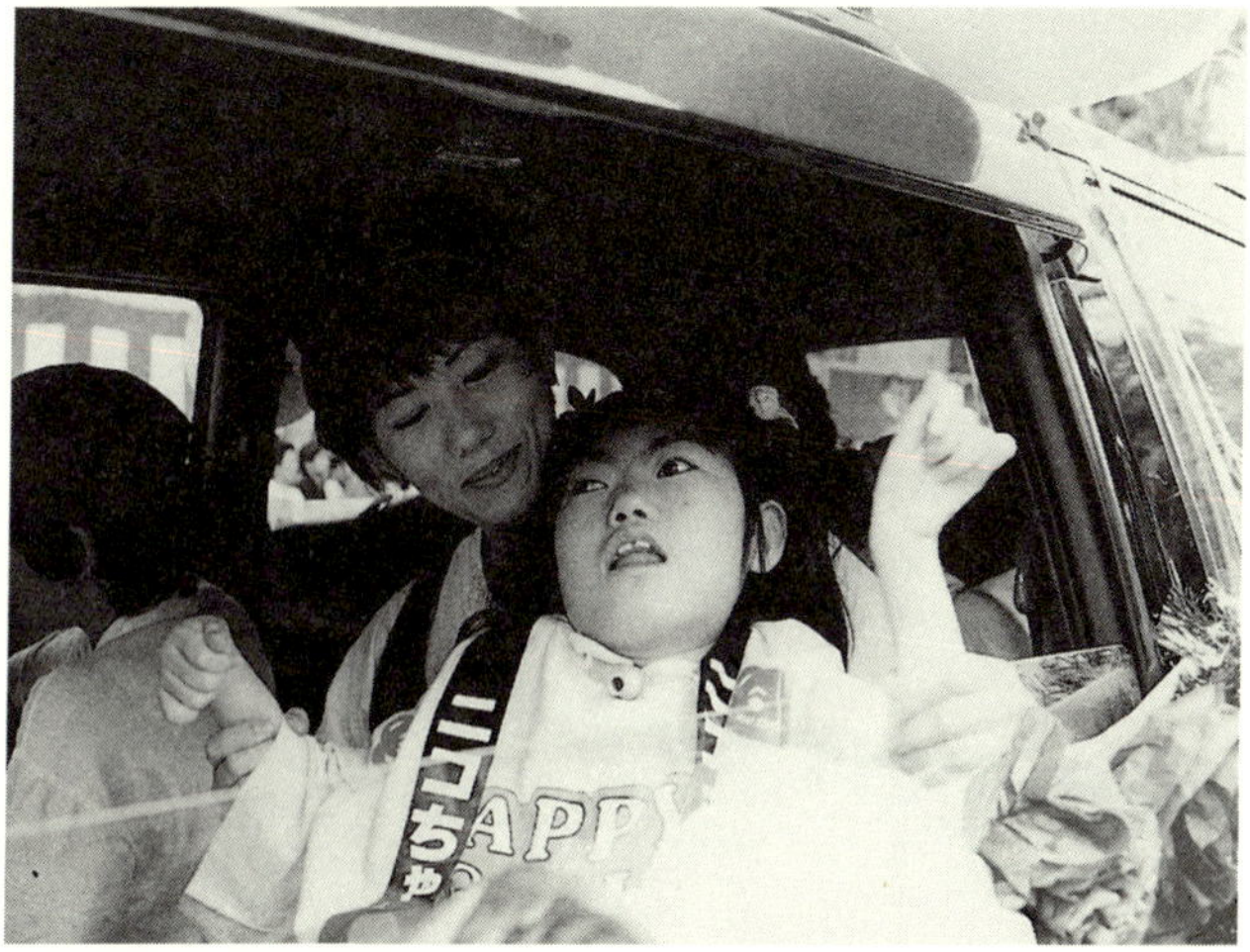

「亜貴は私のサポーター」という太田さん

テーマを決めて、一冊の本に思いを詰めていこうということで始めました。できるだけ多くの人に読んでもらって、私たちの思いや一緒に考える場をつくっていきたいという、いわば投げかけです。

中西　「子どもたちと生きる」というのは、子どもたちももちろんだけど、お母さんたちもお父さんたちも、ということですか。

太田　そうです。一緒に生きるということですね。それぞれが自分らしく生きるということです。

生きる姿を見せつけられる

中西　太田さんが自分で介護をやっていて、感じたこと、あるいは体験したことを聞かせてください。

太田　病名が分かったのは生後八カ月のときですが、普通じゃないというのは、生まれてからすぐに分かるんです。

中西　それはおっぱいの飲み方とかで？

太田　飲みが悪い。呼吸も苦しい。この子は普通には育たないんじゃないかと、だんだん不安になってきます。障害があるなんて、それだけでこの子は生まれてきても不幸な人生だ、その子を持ってしまった自分も不幸だということで思い詰めて、すごく落ち込んでいたんです。

亜貴は、今でもそうなんですけど、生きるか死ぬかというような、厳しい状態で寝たきり。だからこの子は生まれてきてよかったのだろうか、この子は生まれてくる意味があったのだろうかと、最初の時期はそう思って落ち込んでいたのです。

けれども、私がいくらそう思っても亜貴自身は生きるんですね。あんまり頑張ってくれるから、もう生きなくていいという意味も込めて、「お母さん、見てるのきついから、もういいよ」って言ったことがあるんです。それでも生きる。どんな状態からもはい上がってくる姿を見たときに、この子は生きていたくて、こうしているんだなと強く思ったのです。価値とか、生きていていいのか悪いのか、ということを考えること自体が、亜貴の生きている姿に対してものすごく失礼なぐらい、精いっぱい真摯に生きている。自分の人生をそのまま受けとめているわけですね。子どもたちはどんな障害があろうと、その障害がある人生を生きている。

その姿を見たときに、もうよけいなこと考えるのやめようという気持ちになりました。何度も何度も生きる亜貴の姿を見せつけられたと言いますか。教えられたといった生ぬるいものではなく、見せつけられたという感じ。そこで自分も一緒に生きていこうと考えたんです。生きると決めたからには、やっぱり楽しく生きたいなと思うのです。

中西　なるほど。

……仏教に「南無」という言葉があります。あなたに全面的にまかせますという、その言葉が浮かんできました。お母さんに全面的に体をあずけた亜貴ちゃん。娘を抱きとめる母親のめぐみさんの姿は、まるで子どもを抱いた観音さまのようで、とてもきれいでした。

六人が六〇〇人に

中西　「ニコちゃん通信」は七年前にできました。それをつくる前とあとは、どういうふうに変わりましたか。

太田　一番変わったのは、人の輪が爆発的に広がったということです。最初六人だったのが、今は五五〇人ぐらいの会員さんがいらっしゃいます。皆さん、障害のある子どもたちを中心に生きることの楽しさを味わいたくて集まってくるんじゃないかなと思います。

中西　障害のある子を持っている親が多いのですか。

太田　半分が親で、半分は専門家や看護婦さん、ドクター、学校の先生、保母さん。そして新聞やいろんなマスコミを通じて私たちのことを知ってくれた、全然関係ない方々。基本的に出入り自由の誰でもいいという会なんです。そういう人たちのふくらみで広がってきました。

中西　つくる前は、個人的にやっていたわけですね。

太田　そうです。

中西　具体的に介護はどういうふうに変わりましたか。

太田　まず、仲間がたくさんいるので情報を得やすくなり、制度を使うということに積極的になれるということがひとつ。

中西　制度というのは？

太田　いろんな福祉制度がありますが、誰も「こういうのがありますよ」と言ってきてはくれません。

中西　お役所は、障害のある子がそこにいるということを知っているのでしょう。

太田　知っていますけど、だからといって「あなたの家にはこういう制度がいいですよ」というふうには誰も言ってくれない。今の福祉は全部自己申告制なんです。自分にとってどんな制度が必要なのかを、自分で探して選んでいかないといけない、という仕組みになっているんです。しかし、それが積極的にできるようになるには、かなりの元気が必要です。

中西　そうですね。子育てだけでも疲れるけれども、それに障害を持った子ですから、相当に疲れますね。

太田　はい。人の手を借りるというのはすごく楽なことで、とても楽しいことなんですよ、やってみると。でも人の手を借りること、人に助けてもらうことに対するプレッシャーがあったり、助けてもらうための勇気が必要ですね。助けてもらうととても楽なのですが、そこに行き着くまでには、ちょっと元気が必要かなと。仲間がいれば結構やれるようになると思いますね。一人ぼっちだと内にこもっちゃって、積極的に人に助けを借りるというようなところまで気持ちを開くのは、なかなか厳しいと思います。

……この番組をやっていて、いつも気づくことがあります。障害はその人のなかにあるのではなくて、それを受け入れない社会のなかにあるということです。しかし、たった六人のメンバーが今は六〇〇人となり、その社会を突き動かそうとしています。お母さんは強い。

みんなで力を合わせて

中西　今日は「ニコちゃん通信」の仲間である東容子さんにもきていただきましたが、東さんと太田さんのご関係は？

東　子どもがまだゼロ歳児で、お互いに生まれた子どもに障害があるんじゃないかと言われた時期に、子ども病院で知り合いました。

中西　そのころは、精神的にはどうなんですか。

東　子ども病院の六階から、親子ともども飛び下りようと何度思ったことか。

中西　最初六人で始められた「ニコちゃん通信」の会が、今では六〇〇人に広がっていますね。その元気の秘訣はなんでしょう？

東　不自由さを実感しながら毎日を送っているので、なんとかしたいね、楽しく子どもたちと一緒に生きていきたいね、という日々の思いが強いのかな。

中西　「ニコちゃん通信」を出そうと言い始めたのは、どなたですか。

太田　私です。

中西　でも一人じゃできない。

太田　はい、一人じゃなにもできないですね。

中西　一〇〇ページにもわたるような仕事ですから。

太田　なにかみんなでできるものがないかな、という発想だったんです。コミュニケーション誌をつくるのなら、家にいても、この子の前でもできる。

なにかテーマを決めて、それに沿って座談会をよくやるんです。この前は、お母さんの心のケアというテーマでした。そういうテーマについてみんなでまじめに話す場を、普段はお母さんたちがなかなか持てないんです。だからそういうことをよくやるんですよ。みんな話したいと思ったら、ちゃんと話さないと気がすまないという部分があり、それがけっこう核になっているのかな。

中西　なるほど、我の強い人たちばかりですね（笑）。

東　確かに（笑）。

……「ニコちゃん通信」というタイトルは、沈まないよう、暗くならないよう、自らを励ます応援の言葉なのかもしれません。この明るく元気なお母さんたちは、決して一人にならないで、みんなで力を合わせるなかから、自分らしく生きる方法を自分たちで見つけているのでしょう。

「生きていてよかった」と思える暮らしづくりを

中西　太田さんの今後の夢を聞かせてください。

太田　はい。「ニコちゃん通信」の会とは別に、「ゆう・らいぶりぃ」という会をつくったんです。障害の重い子どもたち、医療の支えのなかで生きていかないと安心して活動できない子どもたちが学校を卒業したあとの行き場が今、福岡市には全くないのです。

中西　行き場がなくても、どこかに行かなきゃいけないでしょう。

太田　どこかに行かないと、家でぶらぶらということになります。だから、そういう行き場をつくりたいということで活動を始めました。将来に活かしていけるようなネットワークづくりをしています。

私は子どものサポーターの一人として生きているんですけど、子どもにも支えられているんです。亜貴は私のサポーターなのです。

亜貴が一所懸命生きてくれている、その姿が私を元気にしてくれている。だから生きる上での不自由さを補い合っているという意味では、お互いさまという感じがします。障害があるからというわけではなく、普通の人でも、足りないところは補い合っていいんじゃないかと思う。自分たちの活動は、そのときそのときの思いで流動的に動いていけばいいと思っているから、いつも枠をつくらないように考えています。

将来の夢としては、子どもたちが、「生まれてきてよかったな、生きててよかったな」と思って生きてゆける活動の場や、暮らしづくりができたらいいな。すごく抽象的ですが、そういう夢を自分たちでふくらませながら、実現してゆきたいと思っています。

……子どものサポーターでもあり、子どもにサポートされているお母さん。子どもを育てながら、お母さんも育てられているのだと思います。しとやかで、たおやかな「ニコちゃん通信」の編集長。心は春の大地のようです。

（放送日　一九九九年七月十二日～十六日）

「ありのままに接する」が理想の関係

畑間英一さん

一九六四年、飯塚市生まれ。一九八五年、ハンググライダーの墜落事故により車いす生活になる。一九八七年、NHKで、入院中のドキュメント「今日も空は晴れて」放映。一九九二年、サンライン入社。現在、同社マルチメディア開発GPマネージャー。『家族みんなの旅ガイド・九州』を制作。このほか、「できる理由を探そう」をテーマに講演を行ったり、アンデス民俗音楽「グルーポ・タキ」の演奏、渡辺知子一座と心のバリアフリー講演活動など、幅広く活躍中。

……北九州市で障害者の生活に役立つ地図や観光情報を制作している企業があります。なにより障害者の側に立った考えが必要とされるこの職場で、自ら車いす生活を送りながら、その経験を仕事に活かしている畑間英一さんを訪ねました。

障害者と健常者の共存

中西　車いすの生活をなさっていますけれど、どういう原因でそうなったのですか。

畑間　ハンググライダーって知ってますか、三角形の凧みたいな。一九八五年にそれで墜落して首の骨を折ったんですよ。

中西　どのくらいの高さから落ちたんですか。

畑間　僕は電線に引っ掛かったから、一〇メートルぐらいですかね。で、田んぼのなかに落っこちて。

田んぼでよかったんですよ。アスファルトだったら、今ごろこうやってお話ししていません。

中西　首の骨を折って……。

畑間　そうです。首には七つ骨があるらしいんですが、僕は六番目の骨を折ってるんです。それで手を曲げることはできるのですが、伸ばすことができないのと、握力が全然ないんですね。胸から下の感覚が全然ないので、触られようと、熱湯をかけられようと分からない。

中西　そうですか。それはいつごろですか。

畑間　学生時代です、大学の四年生のころ。障害者と健常者は一瞬ですね。その一瞬を境目にして……。

中西　かなり落ち込みますよね。今までと全然違った状態になっているのだから。どうやって乗り越えたの。乗り越えたから笑って言えるんですよね。

畑間　友達にしろ、親にしろ、みんながあまり暗い顔を見せなかったんです。当然、親もいろ

マライゼーション。僕はそんな言葉があること自体、なにか差別であるように思ったりするんですよね。

中西　当たり前のことじゃあないかと。

畑間　そう、当たり前のことなんです。うちの会社もまさにそういう形をとっています。実際、僕の部署でやってくれている二人も、一般の求人雑誌で応募してきたんです。「障害者の会社です」なんて全然うたわないで募集しますからね。来て初めて、うちの会社がこういう会社だと知るわけです。

やはり最初はいろいろ戸惑いもあったし、気負いもあったみたいです。それが実際に一緒に仕事をしていくなかで変わってきた。当然、僕にはできないこともありますよね。下に落ちた物が拾えないとか、棚の上の物が取れないとか。そういうことはやってもらったりしますが、そうじゃないところは一緒にやっていこうと。自分でできることはするし、できないことは手伝ってもらうというのが当たり前になってくる。そしてそれが身につく。

たとえば車いす用のトイレにウォシュレットがついていて使いやすかったら、健常者もそれを使う。

……畑間さんの職場は、障害者にとっても健常者にとっても理想的な環境といえます。それは整備されたオフィスというだけでなく、仕事をする上ではなんの区別もないという職場の雰囲気にあるのではないでしょうか。この快適な職場で彼がどんな仕事をしているのか、僕はますます興味がわいてきました。

障害者にしかできない仕事

中西 今、この会社で畑間さんはコンピュータを使って、障害をお持ちの方やお年寄り、その家族が一緒になって行ける場所の地図をつくっていらっしゃるんですけど、そういう社会的弱者といわれている人たちが必要としている地図は、今までなかったんですね。

畑間 観光の雑誌で、車いすの設備があります、というマークが載っているものがむちゃくちゃ増えたんですよ、びっくりするくらい。ただ残念なことに、設備があっても使えないところがあったりするんです。

中西 どういうことですか。

畑間 たとえば車いす用のトイレがあるでしょう。それ自体が、砂利道をかなり歩かないといけないところにあったりする。あるいはだんだん砂利が片寄ってきて、トイレに入るのに一〇センチぐらい段ができたとか、すごいのはゆるやかなスロープがちゃんとついてるにもかかわらず、スロープの一番下に二〇センチぐらいの段がある。なんのためのスロープかよく分からないですね。
でも、そういうことが分からなくて当然の世界なんです。僕も健常者のときに、そんなの知ってたかといったら、全然知らなかったし、ちょっとした段が上れないとか、道路が傾斜していると車いすがそっちに傾いちゃって危ない、なんていうのは全く知らなかった。
でも「設備あり・なし」ということだけ見ちゃうと、「設備あり」なんです。「あり」と思って安心して行ってみると、一人で行けない。それをなんとか本物にしようと思ったとき、一番いいのは、実際に障害を持った者が現地に行ってみること。これって障害者じゃないとできない仕事でしょう。
中西　そうですね。分からないですね。
畑間　でしょう。普通、障害を持ってしまうと、障害を持ってもできる仕事はないかと探しちゃうんですね。ところが、これは障害を持ってないとできない仕事なんですよ。
中西　いろんな観光地に行って地図のなかに書き込む作業をやってらっしゃるんですね。
畑間　そうです。今調査に回っていてうれしいのは、大抵の施設がトイレはつくってくれているし、ない場合も今度改築のときはやる予定だというところが増えてきた。今までは施設側にそういう目がなかったんですね。最近はだんだん変わってきました。すごくうれしいですね。

健常者も自然体で

中西　畑間さんが思っていらっしゃる健常者と障害者の理想の関係というのは、どういうものですか。

畑間　まずひとつは、無理して理解をしようなんて思わないほうがいいですね、健常者は。僕も健常者だったから分かるけど、分かろうと思っても分かるものじゃないし、障害者の友達ができれば自然と分かると思う。

僕はいつも車に乗るんですが、僕の家のすぐ下に小学校があって、家の前は通学路なんです。そのうちに車のドアを持ってくれる女の子が出てきたんですよ。トシコちゃんていいます。ある日、その子の友達がきて、トシコちゃんに「かわいそうだから車いすの人をそんなに見たら駄目なんだよ」と言ってるんです。多分その子はお母さんから「車いすの人をジロジロ見ちゃいけません」と言われていたのでしょう。それもひとつの愛情だと思うのです。ただ、実際に接してなにか接点ができれば、いろいろ分かってくるものだと思うんです。そうしていくうちに、自然と身につくものであると思うのですよ。

最近、パラリンピックがありましたね。ニュース番組のキャスターがあれを見て、感動したとか、与えられるものがたくさんあったとか言ってました。でも僕は、別に与えられなくてもいいじゃないかと思う。見て単純に喜んで楽しんで、「チェアスキーって位置が低いし、スピード感があっておもしろそう」と思えば、乗ってみればいい。

中西　チェアスキーというのは、身障者じゃないとできないの。

畑間　いや、そんなことないでしょう、多分。

中西　健常者がやっても難しいよね。

畑間　そうですよ。車いすでも健常者の人が遊んでいいと思うんです。車いすは足の一部なんだから乗り物じゃないと言う人もいるけど、乗り物でいいんですよ。ここ数年忙しくてやってないけど、健常者の友達を車いすに乗せて、峠道をガーッと駆け下りたりするんですよ。結構おもしろいんです、車いすは。上り坂はきついですけど下ると迫力あるし。そうやって遊ぶ。子どもも乗せてあげます。これは足の不自由な人が乗る大切なものなんだよって……。確かに大切なんですけど、そんな堅苦しいものじゃなくて、もっと楽しいものとして広まっていってくれれば、それが一番理想的な健常者と障害者の関係です。

中西　そうですね。

このごろ中学校とか高校に行ってお話しなさることが多いと聞いたんですけど、どういう話をされるんですか。

畑間　僕は「笑ってもらえる障害者の話」というのを入れます。みんな真剣に聞いちゃうんですよ、どんな話でも。真剣でなくていいから、笑ってもらえるやつを目指そうと思ってやっているんです。こっちはここがウケの場面なんやけどと思うんですが、ウケませんね。みんな「ハアーッ」と真剣に聞いてくれたりして。

ここ最近、マッキントッシュを学校に持っていって、カヌーや車の写真を見せながら話したりします。車いすで車を運転するといっても、話だけだとみんなにはピンとこないんです。

中西 どういう車ですか。

畑間 手でアクセルとブレーキを動かすんですけどね。普通はアクセルとブレーキは足で操作するのに足が動かないし、どうやって運転するんやろか、みたいなところがあって。

カヌーでもそうです。まず「カヌーに乗ってるんですよ」と言うと、みんな「ひっくり返ったらどうするんですか」と聞くんです。ひっくり返ったらどうしようもない、死ぬしかね（笑）。まあそれは半分冗談で、本当は助けてもらいます。まだ今のところ、死んでません（笑）。

中西 ハンググライダーでまだ懲りていない（笑）。

畑間 人間はやっぱり死ななきゃ駄目みたい、大怪我したぐらいじゃ（笑）。バカは死ななきゃ治らんっていうじゃないですか。大怪我ぐらいじゃ変わらないですね。やっぱりやりたいことはやるみたいなところがある。

体に障害があったらできるものは限られるだろうって思っているところが結構あるんですね。じつは僕も健常者のときに思っていたんです。実際に障害者になってみると、そんなもんじゃない。やればいい。ただ、それをするのに健常者のときには感じなかった人の温かさをすごく感じることができる。なんていったって一人ではできないでしょう。ほかの人と一緒にやり得る喜びというのはたくさん出てくるし……。

中西　ハンググライダーに懲りて、そんなものやってないのかなと思ってた。

畑間　僕だってもう一度飛びたくて、なんとかして飛べんやろかと思いました。ただ、今度飛んだら死ぬかもしれませんね。

中西　でも過去の経験があるからね。なんとか手でぶら下がるとか。

畑間　今度当たりそうになったら絶対電線につかまる。

中西　感電死だあ（笑）。

畑間　ウワー。

中西　一生そうやって騒いでなさい。懲りてないねえ。

畑間　懲りてないです。

……畑間さんとの出会いは僕にとって新鮮でした。障害があることも含め、自分の仕事をしているという自信が伝わってきます。彼自身の頑張り、ご家族や友人の支えもあるのでしょうが、障害者を取り巻く社会環境が確実に変わってきているように思います。

健常者との自然な関わりを求める畑間さんに新しい世代の出現を感じました。

（放送日　一九九八年五月十一日〜十五日）

本書は、ＫＢＣ九州朝日放送にて一九九七年から一九九九年にかけて「中西和久ひと日記」として放送されたものを基に訂正加筆を行ない編集したものです。

🎤は番組中の中西和久のナレーションです。

あとがき

「中西和久ひと日記」は福岡県並びに福岡県人権啓発情報センターの提供により、ＫＢＣ（九州朝日放送）ラジオ番組として一九九七年五月よりスタートしました。ここに収録したのは一九九七年より一九九九年に放送された三年間の中からの十九人の皆様です。

この番組は毎年五月から八月にかけての三カ月間、月曜日から金曜日までの毎日、一週間ごと、お一人に焦点を当てて放送されています。昼間のワイド番組の中に挿入される五分間の放送ですから、「始まったらすぐ終わる」という人目……いえ人耳につきにくい番組なんです。

放送は、やるそばからすぐに消えてしまいます。心温まる話、おおいに驚く話などいっぱいつまった番組です。そのまま消えていくにはもったいない。それにこの放送は福岡県を中心に北部九州にしか電波が届いておりません。活字にすればもっと多くの皆様にお伝えすることができるのではないかとの思いから、この本は生まれました。

この対談番組出演のお話をいただいてから、はたと困りました。ラジオというのは音楽や言葉で成り立つ世界です。特に対談は、言葉です。僕はいつもひとり芝居の舞台で、約二時間しゃべりっぱなしにしゃべっておりますが、これは全て劇作家が書いたものをまるで自分が「今」しゃべっているように演じているだけです。

つまり役者は人の書いた言葉にすがって生きている、なんとも頼りない存在です。

そういう僕ですから、言葉だけで成立している番組のレポーターなど、はじめっから無理なことだと、企画をしてくれたディレクターに申し上げました。

しかし彼曰く、「聞くことはできるでしょう?」。

そうか、「聞き上手になろう」。

これならできるかもしれない。いろんなことに興味を持って、無垢な心で接すること。これはいくつになっても役者は持ち続けなければならない心です。これがいちばんの基本だと、たしか研究生のころ習った覚えがあります。

しかし、次に頭をもたげた不安は「お前は語るに足る人間か」ということでした。

これは……納得できる答えは今もありません。

そして、この番組のテーマは「人権」でした。

はたして……このオレに……?

そんな僕の不安もどこ吹く風。対談いただいた皆様はそれぞれがそれぞれの分野で自分の言葉を持ち、その言葉で僕にもわかりやすく語りかけてくださいました。こうして活字になった番組を読み返してみますと、なるほど「人権」という文字がおのずと立ち上がってくるようです。

この番組は一日五分、週五日、お一人につき都合二十五分が放送時間ですが、一回の取材に二時間、三時間かかることも稀ではありません。三時間のテープから放送にあてる部分を編集するのは局に帰ってからのスタッフとの作業です。リスナーにどうしても聞いてもらいたい部分でも、時間の都合上割愛せざるをえません。断腸の思いでテープを切りました。この放送がレポーターの不甲斐なさにもかかわらず続いているのは、ひとえに担当ディレクターの村上真氏をはじめとする番組制作スタッフの皆様のお力です。

毎年十二人の皆様にご出演いいただいておりますので、三年間で都合三十六回の対談となります。編集会議を開いて幾度となく討論を重ねましたが、紙数の関係上、あるいはテーマが重なったりということで、全ての皆様をご紹介することができませんでした。心からのおわびと共に、ご出演いただいた全ての皆様に厚くお礼申し上げます。

そしてこの番組のスポンサー福岡県・福岡県人権啓発情報センター、企画をしていただいた北孔介氏（ＫＢＣ九州朝日放送ラジオ本部副本部長・当時）に紙上を借りてお礼申し上げます。

もちろん、何はなくとも聴取者の皆様、今年で五年目になりました。ありがとうございます。

またご出演の皆様の話に「はぁ」と質問したり「ひぃ」と仰天したり「ふぅ」と嘆息したり「へぇ」と感心したり「ほぉ」と面白がったり、つまりほとんど「はひふへほ」でしか登場しない中西を「著者」として本にしていただいた海鳥社の西俊明氏に心から感謝申し上げます。

二〇〇一年七月七日

中西和久

中西和久（なかにしかづひさ）俳優　福岡県生まれ。1976年より劇団芸能座で俳優修行。小沢昭一氏に師事。1986年より自作のひとり芝居「火の玉のはなし」（原作・組坂繁之）をもって全国行脚を始める。1989年より説経節ひとり芝居「しのだづま考」「山椒大夫考」「をぐり考」（いずれも作・演出ふじたあさや）で独自の劇世界を創造し、近年は韓国、東欧二カ国の国際演劇祭などに招聘されるなど海外での評価も高い。1998年には「しのだづま考」で新国立劇場開場記念賛助公演をつとめる。舞台公演のほか演劇ワークショップ、講演、エッセイ等多彩に活動。主な出演作品・舞台に「しみじみ日本・乃木大将」「吾輩は漱石である」（いずれも井上ひさし作・木村光一演出）、「ベッカンコおに」（ふじたあさや脚本・演出）、「ゴドーを待ちながら」（S・ベケット作・栗山民也演出）他。映画「菜の花」主演（瀬木直貴監督作品、1995年度文化庁優秀映画作品賞受賞）他。松本市民劇場賞最優秀俳優賞　文化庁芸術祭賞、1996年度福岡県文化賞などを受賞。大牟田大使　京楽座主宰。

中西和久　ひと日記

■

2001年8月10日　第1刷発行

■

著者　中西和久

発行者　西　俊明

発行所　有限会社海鳥社

〒810-0074　福岡市中央区大手門3丁目6番13号

電話092(771)0132　FAX092(771)2546

印刷・製本　株式会社ペイジ

ISBN4-87415-268-6

[定価は表紙カバーに表示]

http://www.kaichosha-f.co.jp